Jesús Adrián Romero se h... ... cioso que uno solo puede esperar promulgar en algún futuro, y es el descentralizarse activamente para permitir el flujo del devenir de la comunidad. Más fácil dicho que hecho. Cuando uno de los motivos de impulso de nuestra humanidad es la esperanza de la trascendencia a través de la conservación del poder y la influencia, la contra-lógica no convencional de este libro es precisamente lo contrario: considerarse uno mismo como parte de un total que solo puede funcionar cuando hay una deferencia interna entre sus partes.

Sé que muchas personas excorian a Jesús Adrián por ser demasiado de la izquierda o demasiado liberal, pero, por conversaciones que hemos tenido tras puertas cerradas, puedo decir que él considera su propia posición como ortodoxa e incluso conservadora. Y si esto es de alguna manera reconfortante, entonces déjame ser un poco desalentador de la mejor manera posible. Tal vez no hay nada más amenazador para el status quo que alguien que paradójicamente está en la posición de ser conservador, pero dándole la bienvenida al evento del accidente. Si la izquierda es ideológica pero inactiva, y la derecha es activa para mantener las cosas igual, entonces JAR es un centrista para el cambio. Ni todo por allá, ni todo por acá, sino simultáneamente en los mejores lugares de ambos.

Kudos, mi viejo.

-**Adrián Romero.** *Pensador, Músico y Productor.*

Este es un libro que nos lleva a reflexionar sobre las motivaciones detrás del "porqué" de algunas de nuestras prácticas y paradigmas dentro de la Iglesia Cristiana. Sin lugar a duda hay una necesidad de re-enfocar y re-pensar lo que hacemos como iglesia para ser más efectivos en el llamado que Jesús nos dejó de ser luz al mundo. A través de estas líneas Jesús Adrián Romero nos comparte sus ideas mediante pensamientos profundos que te retarán a considerar la urgente necesidad de cambios relevantes en la manera en que vemos y hacemos iglesia.

-**Edgar Lira.** *Pastor Iglesia Central / Las Vegas, USA.*

Esta obra tiene la capacidad de provocarte una epifanía personalizada de introspección sin importar la etapa en la que estés en tu travesía espiritual.

Cualquiera que lo lea con un corazón noble, dispuesto a escuchar, será desafiado, confrontado y catapultado a una nueva etapa en su liderazgo.

Probablemente no estarás 100% de acuerdo con lo que leas y esa es una de las bellezas de una familia, pero que aún en esa posición, tengas el mismo amor por la Iglesia que desbordan del corazón de estas líneas.

Gracias Jesús Adrián Romero por tener el valor y la pasión para llevarnos a un amor más profundo por el legado de JESÚS hoy en día: ¡Su Iglesia!

-**Timmy Ost.** *Líder de Jovenes / Las Vegas, USA.*

Jesús Adrián Romero abre el diálogo a conversaciones sinceras y necesarias para la Iglesia. *Adornando Tumbas y matando profetas* es uno de los libros más honestos y genuinos que he leído últimamente.

A través de sus años de experiencia, su conocimiento de la Iglesia y la Biblia, hace una invitación urgente a reconsiderar la manera en la que se han venido haciendo las cosas en la Iglesia durante décadas.

Es un análisis de nuestra constante fascinación por religión y cómo es que preferimos adornar tumbas que ser reales. De manera poética y directa, descubre nuestros anhelos por protagonismo y revela lo anti-bíblico que es el juicio. Este libro será sin duda el inicio de muchas conversaciones muy necesarias.

Jesús Adrián ha desnudado su alma por amor a la iglesia.

Gracias por sonar la alarma y hacernos reflexionar sobre vivir un cristianismo en modo automático.

-**Esteban Grasman.** *Pastor Iglesia Ancla / Tijuana, México.*

¿Y si pudiéramos soñar con una Iglesia que fuera como Jesús? Estoy convencido que podemos, pero para ello necesitamos volver a Él, caminar con Él y seguirle por el desierto de Judea y los pastos verdes de Galilea, su mar y sus pobladores. Escuchar cómo se enfrentaba a lo que la gente entendía por Dios, la vida, la religión y la sociedad. Todo en Él era nuevo, fresco y genuino. Sencillo y profundo. Y sin duda, no dejaba indiferente a nadie.

Y así es este libro. No esperes clichés ni simpleza, sino un toque de atención en el oído mientras alguien te abraza. Jesús Adrián te llevará de la mano por distintos temas que nos preocupan a todos, de una Iglesia que ha olvidado lo esencial, y ha querido poner en el centro lo periférico desechando, quizá, las prioridades de Dios. La Escritura lo empapará todo, pero siempre desde la perspectiva del nazareno, que renueva nuestro acercamiento a la Biblia constantemente.

Un manifiesto que nace de un corazón pastoral, no académico, sino transformador y osado en su propuesta, porque la gracia es osada. Con tristeza frente a nuestros propios errores y torpezas, y valor y alegría por los destellos de luz que propone. Y siempre con los pies en la tierra, en nuestro hoy y nuestro aquí.

Leerás la verdad en amor, al estilo de Jesús. Sus palabras son necesarias, ahora más que nunca, sobre todo para aquellos que nos hacemos llamar con humildad, o sin ella, cristianos.

-**Alex Sampedro.** *Músico y Escritor / Valencia, España.*

Hay cosas que la mente no entiende, solo el corazón. Y hay cosas que el corazón no entiende, solo la mente. Pero en ocasiones, hay cosas que ni la mente ni el corazón entienden, solo nuestras entrañas.

Al leer este libro, deja que sus palabras primero resuenen en lo más recóndito de tu ser. Y desde ese lugar, desde tus entrañas, suelta la paloma de tu fe…déjala volar…estoy seguro que regresará a ti con ese renuevo de olivo que te dejará saber que hay una tierra nueva por habitar… una tierra fértil y deseable.

-**Daniel Fraire.** *Músico y Productor / Monterrey, México*

Cuando escuché "Sencilla y arrogante", una de las canciones del último álbum de Jesús Adrián, la primera palabra que apareció en mi cabeza fue "Iglesia", nuestra Iglesia, la institucional. Al leer *Adornando Tumbas* me fue inevitable pensar: "¿es esta una secuela de la canción?", pues yo creo que sí.

Jesús Adrián Romero abre su corazón con plena honestidad y se sumerge en las siempre peligrosas aguas de querer hacer una radiografía de la Iglesia en Latinoamérica hoy. El riesgo bien vale la pena cuando se trata de hacer reflexionar a una Iglesia que muchas veces se deja adormecer por cantos de sirenas que dicen que todo está bien... o que todo está perdido. ¡Somos tan volátiles!

Este libro amerita una advertencia y me gustaría hacerla: Usted no podrá leerlo sin sentirse a ratos confrontado, en otros conmovido e incluso puedo imaginar que en varios momentos muchos de los lectores querrán dejarlo a un lado invadidos por la frustración y hasta rabia... No sé tú, pero yo solo leo libros que me confrontan a ese nivel, ¡me resultan fascinantes!

-**César Soto V.** *Pastor y Autor / Saltillo, México.*

Jesús Adrián Romero en su libro *Adornando Tumbas* hizo algo valiente: retó a la Iglesia. No es fácil sacar a flote incongruencias entre la vida de Jesús y el modo que opera la Iglesia Latinoamericana del siglo XXI. Sin embargo, es muy sano considerar las áreas en las cuales nos hemos desviado del corazón de la Biblia y del ejemplo de Jesús en nuestras vidas e iglesias. Le pido a Dios que muchísimas personas puedan leer este libro y tomar a pecho sus observaciones, pero sobre todo, le pido a Dios que me ayude a ser más como Jesús y que la Iglesia pueda seguir la pauta que Jesús marcó.

-**Jonathan Domingo.** *Pastor Iglesia Horizonte / Ensenada, México.*

Adornando Tumbas es una voz que pretende abrirse paso en medio de tanto ruido que se está produciendo en el ejercicio de la fe cristiana contemporánea. Pero no es cualquier voz, sino que se convierte en el sonido profético que rescata el significado de denuncia que tanto hace falta en nuestros días.

Así, Jesús Adrián Romero ha prestado su lápiz para que a través de él se plasme una importante observación interna a nuestra casa, pero contrario a muchas corrientes actuales, no pretendiendo con esta generar destrucción ni vergüenza, sino restauración.

En consecuencia, quien se acerque a las líneas de este libro encontrará una amorosa y pastoral radiografía de la Iglesia que lo llevará a cuestionarse en su caminar y a tomar acciones de vida, todo desde el consejo de Jesús, el Hijo de Dios. Una lectura indispensable para pastores y líderes de Latinoamérica que desean servir genuinamente.

David A. Gaitán. *Periodista y Pastor / Bogotá, Colombia.*

Adornando Tumbas contiene una personalidad definida, una solvencia bíblica y una sensibilidad como pocas veces un autor es capaz de reunir en torno a una postura propositiva. Es formidable, de lectura ágil, de una honestidad y calidad intelectual de primer orden. Cada capítulo gira en torno a Jesús como parte esencial de la trinidad, como la piedra angular de una Iglesia que cada vez le pone más trabas a un evangelio que bien pudiera ser accesible para todo el mundo pero que se aleja de una idea tan sencilla como lo es el amor, la comunidad y la fe. Hagamos "corrección de curso" hoy y no cuando hayamos matado al profeta.

El autor propone una iglesia que regrese a su origen, pero adaptándose a los cambios generacionales, sin pensar que lo nuevo es peligroso. La idea es seguir restaurándonos, pero conservando los matices básicos de la misma: seguir a Jesús y no una doctrina. Hay que recuperar la voz que la iglesia ha perdido, a ser la influencia que en los últimos años ha menguado y a darle una relevancia que escasea.

Carlos Quiñonez. *Columnista Sexenio.*

La Reforma fue, es y será una bendición necesaria pero inconclusa. Un teólogo argentino comentó una vez que la Reforma fue incompleta porque no abarcó todo lo que hubiese sido necesario que abarque. Reformó cuestiones reservadas a la Palabra, la fe y la salvación entre otras, pero no llegó a replantear la "cristiandad". Mi pregunta sigue siendo, ¿por qué? Para que una creencia, una doctrina, un pensamiento, un paradigma, pueda ser siquiera puesto en duda, discutido, reformulado y desechado no se logra sin sangre, sudor, llanto, confrontación y rechazo. Y no me refiero a la sangre derramada en las guerras en nombre de Dios, me refiero al sentido más poético pero el más doloroso. La sangre de muchos que fueron llamados «herejes y blasfemos» por pensar de más. Hay que sufrir para reformar, hay que ser criticado y discriminado. Y, así y todo, tal vez, no ver jamás que eso valió la pena. De ahí, que casi nadie se lo haya propuesto. Entonces, cuando llega a mis manos un escrito como este, mi corazón estalla, pero a la vez refreno mi alegría por el terror que me da. Es como una mezcla de emociones, encontradas y opuestas que me invaden. Me alienta a creer aún más en este hermoso proyecto tan prostituido llamado "Iglesia" pero me da terror equivocarme. Y ese estado de tensión es el que puede también estar pasándote cuando te sumerjas en esta lectura. Brindo por la vida de Jesús Adrián y por su familia y ministerio que decidieron sufrir, pero pensar, dolerse por ir por más, gestos que no todos hemos decidido tener. Por eso este libro es más que un libro. Es más que una conversación. Es más que un mensaje. Es seguir con la historia de hace 500 años.

-**Adrián Intrieri.** *Psicologo y Autor*

Agradezco a Jesús Adrián por este libro en el que dibuja con palabras, esos espejos en los que todos podemos ver reflejada aquella parte de nuestro ser que llamamos fe, una fe muchas veces fingida y otras más, moldeada por el ego y la vanagloria, donde solo nuestro gusto cultural y social lo queremos imponer como espiritual.

Gracias por la autocrítica que de manera sencilla pero inteligentemente reflexiva y profunda nos confronta, reconstruye y empuja a dejar la comodidad de una religión que va perdiendo el sentido y simplemente ser personas honestas que fortalecen su debilidad en esa bella incertidumbre de cada día parecernos un poquito a Jesús a través de su palabra.

-**Paco Palafox.** *Comunicador*

La vida espiritual genuina es como una niña pequeña inquieta por saber, conocer y tocar y por eso me emociona cuando me encuentro líderes con esa inquietud espiritual e intelectual que les mueve a no quedarse estancados en lo que ya saben o ya conocen. Jesús Adrián es claramente uno de esos líderes. Este libro es el testimonio de alguien que entiende a la perfección que la vida cristiana es un peregrinaje que no solo se define en un nuevo destino sino en una continua danza con la gracia de Dios. Gracias Jesús Adrián por estas páginas honestas que no pretenden monopolizar las respuestas sino ayudarnos a hacernos preguntas para sumergirnos más profundo en nuestra compresión del camino, la cruz y la fe.

-**Dr. Lucas Leys.** *Fundador de e625.com y Autor*

Adornando Tumbas
(y matando profetas)

La necesidad de re-interpretar una fe que se ha vuelto periférica y oscura.

JESÚS ADRIÁN ROMERO

Adornando Tumbas
Publicado por Kate&Cumen 2017
Monterrey, NL. México

Primera Edición 2017

© 2017 Jesús Adrián Romero

Edición por: David Gaitán
Diseño de portada: Angel Escamilla
Fotografía: Tim Green

Todos los derechos de edición mundiales en todas las lenguas y cualquier tipo de soporte, Kate&Cumen

Todos los derechos reservados. No se permite la reproducción total o parcial de esta obra, ni su incorporación a un sistema informático, ni su transmisión en cualquier forma o por cualquier medio (electrónico, mecánico, fotocopia, grabación u otros) sin autorización previa y por escrito de los titulares del copyright. La infracción de dichos derechos puede constituir un delito contra la propiedad intelectual.

ISBN-10: 1-947356-02-X
ISBN-13: 978-1-947356-02-3

Distribuido por: Kate&Cumen
www.kateandcumen.com
Dirección: 9602 Antoine Forest Dr. San Antonio Tx. 78254 USA

Impreso en: Estados Unidos de América

Por: VERSA PRESS, INC.
1465 Spring Bay Road
East Peoria, IL 61611

*Para mi esposa Pecos,
para mis hijos Adrián, Jaanaí y Melissa,
para mi equipo de trabajo,
para Vástago Epicentro.
Por emprender este peregrinaje conmigo.
Por acompañarme a tratar de encontrar
esa iglesia de acuerdo al corazón de Jesús.
Por mantenerse a mi lado a pesar de la oposición.
Por compartir las alegrías y el dolor.
Juntos escribimos este libro.*

CONTENIDO

Prólogo 1 15

Prólogo 2 21

Prefacio 24

1 Peregrinos 29

2 Liderazgo y paternidad 39

3 Paternidad y sucesión 51

4 Fusión 61

5 Ella 71

6 Del ritual a la práctica 81

7 Festival de nuevas lenguas. 92

8 Dignificando al pecador 102

9 Vino añejo 113

10 Adoración narcisista. 122

11 Giezi y Naamán. 131

12 Cristianismo y política. 140

13 Jesús y el poder..151

14 Guarda tu espada..161

15 Juan o Jesús...171

16 Jesús por defecto..179

17 Ninguna de las anteriores................................188

18 Fe fragmentada...197

19 Levadura..209

20 Viviendo la encarnación...................................218

21 Humildad teológica..227

22 Celo por la gracia..235

Epílogo...243

Prólogo 1

En las bóvedas estériles de la iglesia, el liderazgo está reunido. Sus voces reflejan las tenues luces que cuelgan inútilmente en los pasillos y en los techos. Hay más lámparas que luz. Hay más sombra que luz. Allí, sentados como de costumbre, discuten en fuerte silencio el impacto de las enseñanzas y el cuestionamiento de este hombre que cada día cobra más audiencia.

—Los feligreses no saben distinguir la sana doctrina— dice uno de ellos

—Tenemos que admitir que el mundo está cambiando... Hay que evaluar algunas cosas—

—¡Jamás! — golpeando con el puño la mesa, dice fuertemente un joven estudiante con tono de celo espiritual. — La Iglesia no se puede permitir el cuestionar aquellas cosas que pueden llevarnos a perder nuestra doctrina. —

Un silencio rompe el bullicio distante y enmudecido de una ocupada calle cercana a la iglesia.

—Pero ¿qué de esta generación?—habla suavemente un extranjero y el más joven entre ellos. —Ellos miran el mundo diferente—

Volteando todos la mirada hacia él, cuestionan con sus rostros la atrevida intervención. No es necesario comentarla. Obviamente está fuera de lugar. El mantener la norma histórica de costumbre y la jerarquía pastoral es más importante que repensar si tienen que creer lo que creen.

Una generación sumergida en tinieblas. Encandilada de su psiquis por falsas, deslumbrantes y alucinantes filosofías. Ahogada por miles de estímulos que no le permiten pensar y llegar a sus propias conclusiones. Sufre el rompimiento silencioso de la tradición de un continente formado por la iglesia católica. Una generación seducida con las caricias de los grandes avances de la ciencia y la tecnología es arrastrada por las fuertes y traicioneras corrientes de los cambios culturales. Deshidratada, caminando en el desierto de las religiones con una sed

Adornando Tumbas

insaciable por algo "real", algo que vaya "más allá" de lo que viven a diario. Una generación donde el bullicio de las grandes ciudades se empieza a escuchar en los pueblos más lejanos y escondidos.

En esta generación, nada ni nadie escapa al murmullo sensual de una globalización temprana de ideas, costumbres y gobiernos. La infraestructura de comunicaciones permite que todo llegue a todos lados a velocidades que habrían sido imposibles apenas hacía una generación.

Y en esta generación, se levanta un joven. Un joven al que le es dado un talento muy especial: usa la música de una forma impresionante. Escribe poemas con imágenes profundas llevados a las calles sobre los hombros de la música, todas esas canciones hacen resonancia en el corazón de las personas. Los líderes religiosos quieren suprimir esos pensamientos calificándolos como escandalosos y equivocados, pero los jóvenes ya los llevan en el corazón.

Lo tildan de hereje y rebelde porque cuestiona, pregunta y hace pensar. Predica de un cambio y señala los posibles errores que por siglos la Iglesia ha mantenido como 'doctrina'.

Este rebelde causa controversia entre los líderes religiosos por crear grandes discusiones al tratar de romper con el tradicionalismo muerto que evita compartir el mensaje de Cristo a una generación necesitada de Él.

Es criticado. Con envidia los líderes de la iglesia dicen: "Lo sigue tanta gente porque los entretiene...es peligroso".

Aun así, sus ideas y su liderazgo no pueden ser ignorados.

A simple vista, parece ser un rebelde más de la época. Un rebelde que es criticado por "meter" el mundo a la Iglesia, cuando lo que realmente está tratando de hacer es "meter" a la iglesia en el mundo y así hacer accesible el mensaje de Jesús a toda la gente.

¿No tradicional? Sí.
¿Escandaloso para lo establecido? Sí.
¿Controversial? También.
¿Efectivo? Por supuesto. ¡Gracias a Dios!

Prólogo 1

Un rebelde de la época que, estudiando los textos sagrados y los comentarios de los padres históricos de la fe, cuestiona con fundamento si lo que llaman "fundamentos" realmente los son.

Un escandaloso con propuestas diferentes de cómo vivir la fe cristiana.

Un líder "peligroso" por usar nuevo lenguaje en una cultura eclesiástica que está más interesada en mantener sus costumbres, su histórica reputación y su control sobre las personas que en alcanzar a una nueva generación. Una cultura eclesiástica más interesada en mantener la venta de sus productos para tener en opulencia a sus líderes y artistas que en hacer dinero para dárselo a las viudas, a los huérfanos y a los pobres.

A este nuevo pensador lo critican; pero de lejos lo admiran. Muchos saben que "este nuevo líder" va a traer grandes cambios de pensamiento necesitados a una Iglesia que se ha acomodado en sus grandes edificios y costumbres.

Y entonces, la pasión que tiene, lo lleva a hacer cosas que le dan un giro a la historia de nuestra Iglesia. Empieza a romper con la tradición muerta al predicar y cantar de una fe viva. Comienza, en ese momento a convertirse en una nueva tradición.

Allí, rodeada de esta nueva generación y esta nueva controversia yace una Iglesia con gente pero sin ovejas, con edificio pero sin fundamento, con productos pero sin frutos, con predicación pero sin Palabra. Y adentro se discute y se critica. Adentro, sentados continúan hablando apenados y asustados.

Estos líderes no tenían visión para reconocer que los tiempos cambian.

Que el Señor nos de la sabiduría dé no ser como los líderes religiosos que tanto criticaron a este joven músico-teólogo innovador, apasionado, escandaloso y rebelde que todos conocemos como Martín Lutero.

Sí, en 1517 Martín Lutero ya sabía que el mensaje del Evangelio había que darlo en el lenguaje de la gente. En su caso era el alemán. Y sabía que tenía que usar lo último en tecnología, aunque esta era costosa. Y Dios, como lo hizo con Bezaleel y Aholiab en Éxodo 31, puso en el corazón del metalurgo alemán Johann Gutemberg el espíritu de inventar. Y en 1454, Gutemberg introduce al mundo una nueva y maravillosa tecnología, la imprenta.

Lutero sabía que tenía que usar esta nueva tecnología para dar a conocer el evangelio. Para nosotros hoy en día, no parece tener mucho impacto el que un predicador decida usar la imprenta. Pero recordemos que la página impresa nunca se había usado, las pocas Biblias que existían estaban en latín y eran copiadas a mano. Usar la imprenta no era lo tradicional ni histórico. Lo es hoy.

Lutero además empezó a dar a conocer La Palabra de Dios en el lenguaje que la gente entendía y apreciaba. Era un escándalo que La Palabra de Dios no se enseñara en latín. El lenguaje común del pueblo no podía ser usado para predicar La Palabra de Dios, era un insulto no hacer las cosas como históricamente se habían hecho. "¿Cómo es posible que usen algo del 'mundo' para predicar La Palabra de Dios?" era la pregunta de los líderes religiosos en 1520. Increíblemente, hoy, muchos líderes siguen haciéndose esa misma pregunta.

Apropiadamente, en el año que celebramos los 500 años de la Reforma, entra en escena Jesús Adrián Romero con esta obra. No son las 95 tesis de Lutero, pero el esfuerzo reflexivo, académico y teológico sí es comparable.

En la ciencia, el siglo 16 tuvo a Newton y el siglo 20 tuvo a Einstein. En la pintura el siglo 15 tuvo a Raphael y el siglo 20 tuvo a Picasso. El siglo 13 tuvo a Dante Alighieri y el siglo 20 tuvo a Vargas Llosa. En filosofía el siglo 13 tuvo a Descartes y el siglo 21 tiene a Slavo Zizek.

En el siglo 12 Tomás de Aquino escribió su magna obra Summa Theologiae y en el siglo 19 Dietrich Bonhoeffer continuó con otros haciendo teología construyendo sobre los muros de Aquino y contemporáneos.

Hoy, en el siglo 21, Jesús Adrián está construyendo sobre muros que otros pensadores cristianos erigieron. Está siguiendo una larga y virtuosa tradición de reflexión y cuestionamiento.

Los mismos que critican las propuestas e ideas de Jesús Adrián derivan su teología de padres históricos del pensamiento cristiano de donde se ha destilado por siglos lo que hoy creemos y la forma en que predicamos. Jesús Adrián no está haciendo nada que Barth, Wesley, Lutero, Calvino, Erasmo, Agustín, Atanasio y Pablo no hayan hecho; cuestionar si el camino por donde vamos es el correcto y si hay correcciones y cambios que debemos hacer.

No podemos ser cristianos de templo, de iglesia y de culto nada más. Tenemos la obligación de estudiar lo que "otros" creen. No podemos seguir siendo un pueblo que ha perdido el vocabulario para hablar con personas que no creen como nosotros o que sencillamente 'no creen'.

Yo fui alumno de Michel Foucault, un magnate de filósofo francés-ateo y fui alumno de Francis Schaeffer otro magnate de filósofo; cristiano, pensador y algo de teólogo. Siempre estaré agradecido con Dios por haberme dado el privilegio de estudiar bajo filósofos ateos, aprendí mucho, especialmente a apreciar, respetar y amar a los ateos. Siempre estaré agradecido con Dios por estudiar con maestros cristianos porque afirmaron mi cosmovisión cristiana.

El haber estudiado me enseñó a cuestionar y a creer por convicción personal, no porque alguien más decía que tenía que creer.

Este libro entonces, agrega a mi labor constante de corregir el curso en seguir a mi Maestro, el que me enseñó a hacer preguntas y a reflexionar en cómo servir mejor al mundo que Él tanto ama.

El ejercicio de análisis eclesiástico y teológico elaborado por un músico no es algo nuevo. Es novedoso porque muy pocos músicos lo hacen hoy en día. Sin embargo, históricamente hay pensadores de la Iglesia y la teología que han escrito música. Este es el caso de Jesús Adrián. Sí, es músico, ¡y buen músico! Es poeta, artista; melancólico y medio depresivo como muchos poetas, pero no considero que es un músico que hace una reflexión teológica. Lo califico como un pensador de la Iglesia que hace música.

Aquí encontrarás propuestas, preguntas. Es únicamente una

opinión. Si te escandaliza, es tal vez porque te falta leer más a pensadores eclesiásticos, especialmente los históricos. Si aceptas todo sin reflexionar, necesitas desarrollar más tu pensamiento crítico.

Al final, Jesús Adrián con un profundo amor y respeto al Cuerpo de Cristo, nos pide reflexionar si acaso no estamos solo *adornando tumbas y matando profetas*.

Jesús Adrián dice que "...hay una generación que es más honesta en su manera de practicar la fe." Me gusta pensar que en muchas décadas a venir, este libro sea citado como un texto que influyó en el pensamiento de esa generación.

Gracias Jesús Adrián por escribir este libro.

-**Junior Zapata.** *Ciudad de Guatemala, Guatemala.*

Prólogo 2

Era el año 1600 y el intelectual de la orden de los Dominicos, Giordano Bruno, rechazado tanto por el catolicismo, el luteranismo y el calvinismo, y aún por sus colegas docentes en Oxford, es acusado por la Santa Inquisición de amenazar con sus enseñanzas la autoridad de las Santas Escrituras. Es torturado, estuvo encarcelado cerca de 8 años y al final es sentenciado a morir en la hoguera.

Dentro de sus pensamientos desafió la teoría aristotélica y el universo de Ptolomeo, proponiendo una idea nueva. Sin abandonar su fe, él pensaba que el universo era infinito como Dios también lo era. Un universo creado por Dios donde cada estrella era un sol que contenía a su vez planetas como el nuestro circundando alrededor de sus respectivos soles.

Pero el literalismo de los justicieros de la fe veían en esas enseñanzas claras amenazas a lo que decían las Escrituras. No estuvieron dispuestos a oírle.

Años después de las controversiales enseñanzas del italiano, un fascinado por el cosmos, ya teniendo en su mano un telescopio por primera vez, hablo de Galileo, afirmó y reconoció varias de las instituciones científicas de Giordano.

Hasta ese momento en la humanidad no sabíamos que existe un fenómeno que se llama "disonancia cognitiva", que es básicamente la reacción inmediata de nuestro cerebro, que al no soportar una idea nueva contraria a nuestras creencias literalmente se cierra a escuchar. En otras palabras, los circuitos cerebrales se "niegan" a oír todo aquello que ponga en peligro las ideas religiosas o convicciones morales a las cuales nos apegamos no solo racionalmente sino sobretodo afectivamente.

Han pasado más de 400 años desde el episodio de Giordano Bruno.

Y el panorama no ha cambiado mucho.

Lo triste es que, a diferencia de aquella generación, nosotros tenemos al alcance un conocimiento del mundo que ellos no tenían. Pero aun con todo, hoy son muchos creyentes que con el mismo espíritu inquisidor de aquellos defensores de la "fe", se niegan a reformular sus creencias, se niegan a escuchar otras voces y defienden irrenunciablemente sus interpretaciones y no solo eso, llegan a la conclusión que su manera de interpretar a Dios es la única correcta.

Pero si tú eres de aquellos, que sin renunciar a la fe estás abierto a escuchar no solo respuestas, sino también preguntas.

Eres de aquellos insatisfechos espirituales que crecieron en una comunidad cristiana, pero intuitivamente sientes que hay cosas que te enseñaron, sobre Jesús, Dios y la Iglesia que no te cierran.

Que ves por un lado la dificultad de iglesias para dialogar con otros, pero al mismo tiempo, la facilidad que tienen para juzgar a otros.

Creo que este libro será un estímulo poderoso a tu vida espiritual.

Conozco a Jesús Adrián, lo he visto en su faceta de pastor, padre de familia, esposo y amigo.

Cuando leí las páginas de este libro, me lo imaginé como muchas veces nos hemos encontrado hablando de estos temas. Corriendo por senderos sinuosos, sentados alrededor de un café, compartiendo con amigos una carne asada, en su oficina con un caballito de mezcal (obviamente como él es más santo que yo, soy yo el que está con el mezcal).

Y así creo que será tu experiencia, cuando termines este libro tendrás la percepción de haberte juntado con un buen amigo (lo del mezcal es una opción tuya). Y más que un maestro que te habla desde sus alturas luminosas, este libro será varias jornadas de pláticas junto a un buen amigo.

Lo lindo de la fe es que, básicamente hay actitudes.
Una, insiste en quedarse en los textos clásicos repitiendo el pasado.
Otra, sin desmerecer las tradiciones, dialoga con la cultura moderna.
Así sucedió con la Reforma, que miraba al futuro, mientras que la Contra Reforma quería volver con la escolástica de la Edad Media.
Así sucede con teólogos como el fallecido y respetado John Stott, que hablaba de su presente, pero manteniendo su valiosa tradición Reformada clásica, a diferencia de Harvey Cox, que con elementos de la fe cristiana se aventuró a mirar al futuro.
En la teología católica del siglo 20 también sucedió.
El teólogo Hans Urs von Balthasar, se abrazó a la tradición, a diferencia de Karl Rhaner, que explicaba la fe sintonizando con preguntas que la gente de su contexto tenía.
Y no es que un grupo sea menos intelectual que otro.
Creo que este péndulo existió y existirá siempre. Y es bueno que exista, porque la unidad de la Iglesia está lejos de ser uniformidad.

Jesús Adrián en estas hojas reconoce algo sumamente valiente, estar en un peregrinaje personal, en muchos sentidos incomprendido.
Y es en este libro, donde abre su corazón y nos advierte de no repetir aquella gran tragedia. De rechazar a quienes hoy pueden ser una voz de Dios, que "matemos" esas voces incipientes, para luego de unos años, darnos cuenta que Dios estuvo con ellos, pero ya sea demasiado tarde y solo nos quede el consuelo de "adornar la tumba" de aquellos profetas.

-**Ulises Oyarzún.** *Monterrey N.L. México*

Prefacio

Las aeronaves pueden salirse de su curso.

Esta fue una lección que aprendí en carne propia al hacer uno de los primeros vuelos de larga distancia cuando tomaba clases para obtener mi licencia de piloto aviador.

Para entonces ya piloteaba sin instructor y debía volar hacia un pequeño poblado que se encontraba en el estado de Texas, lugar en el que tomaba mis clases de aviación.

Hice los cálculos necesarios y despegué en la avioneta destinada para mi aprendizaje, una *Cessna 172*.

Después de haber volado cerca de 50 minutos, empecé a buscar el aeropuerto y a la distancia lo pude divisar.

Al acercarme noté varias cosas que no coincidían con la información que tenía; el aeropuerto no estaba a un lado de un pueblo, se suponía que este tendría una pequeña torre de control, pero al aeropuerto que me estaba aproximando, no la tenía.

Aterricé, y al hacerlo me di cuenta que había piedras en la pista y maleza creciendo entre las grietas del asfalto, me percaté que había llegado a un aeropuerto abandonado.

Cuando regresé a la escuela le conté a mi instructora de vuelo la experiencia, se rió, y me dijo que me había salido de curso y nunca lo corregí. Para mi fortuna, aterricé en un aeropuerto, aunque no al que quería llegar.

Hay varios factores que pueden provocar que un avión se salga de su curso; tecnología defectuosa, clima adverso, error humano, entre otros.

Cuando una aeronave se sale de su curso, el error se puede corregir, y a esta acción se le llama *"corrección de curso"*. El proceso es simple, se determina la posición de la nave y su *curso vectorial* (la velocidad y dirección del vuelo) se vuelve a calcular. Un nuevo vector se computa y entonces se corrige la ruta.

El problema se agrava cuando un avión se mantiene fuera de su trayectoria por mucho tiempo. A veces cuando el piloto se percata del error puede ser demasiado tarde porque las aeronaves no tienen suficiente combustible para hacer grandes cambios de ruta.

La Iglesia ha sido comparada con una barca, pero la analogía de aeronave funciona igual.

Hay cosas que están sacando a la iglesia de su curso y la están llevando en la dirección equivocada, no es la primera vez que sucede.

Nos haría bien echar un vistazo a su historia para entender las fuerzas que han contribuido para desviarla.

Una de esas fuerzas que la sacó de su curso, fue el hambre de poder; otras, la avaricia, el proselitismo extremo que llevó a la iglesia a las cruzadas y la cacería de brujas, y en la historia más reciente de países como Estados Unidos; la política.

Latinoamérica presenta un fenómeno interesante.

Varios factores históricos, socioeconómicos y culturales se han conjugado para crear una *fuerza de gravedad* que está sacando a la Iglesia de su curso y llevándola hacia una forma de radicalismo que no es ni coherente, ni bíblico.

Urge entonces *corrección de curso* y un liderazgo que pueda hacerlo.

Líderes que con un corazón pastoral y crítico desarrollen la capacidad de identificar los errores que se presentan dentro de ella.

Desde el día del pentecostés cuando nació, la Iglesia ha requerido *corrección de curso*. Empezando con Pablo, "perito arquitecto", quien utilizó sus epístolas para denunciar los errores en medio de la iglesia primitiva, y continuando a través de los siglos, con hombres como Lutero, quienes han amado profundamente la iglesia y se han arriesgado a señalar sus errores y dirigirla; sin embargo, esta sigue necesitando *corrección de curso*.

La premisa de los reformadores: *Ecclesia Reformata Semper Reformanda* señalaba la necesidad de corrección constante.

Los cambios que urgen no son estéticos, como podría ser el estilo de música, la liturgia o la arquitectura; sino cambios profundos de identidad y propósito.

Si estos no se llevan a cabo, corremos el riesgo de perdernos.

Es necesaria la auto-crítica.

Esta crítica que propongo no debe ser tendenciosa, no debe enfocarse en trivialidades doctrinales o asuntos periféricos de nuestra fe, sino en el corazón y propósito de la iglesia, esta debe hacerse con firmeza y a la vez con amor.

La corrección siempre provocará dolor, pero las heridas provocadas por alguien que ama son heridas fieles.[1]

Para hacerlo necesitamos entrar en un proceso de *"destrucción creativa"*; suena fuerte, pero es una acción noble.

El término *"destrucción creativa"* fue acuñado en 1942 por Joseph Schumpeter en su libro "Capitalismo, Socialismo y Democracia"[2]. En este, Schumpeter argumenta que para poder cambiar la estructura económica es necesario que se destruya desde adentro de la actual y así se podrá crear una nueva.

La crítica externa nos pone a la defensiva, pero la interna nos empuja a cambiar.

Propongo que debe haber más de un "crítico", porque es fácil descartar a *una voz que clama en el desierto*, es fácil catalogar como *herejes* a aquellos que genuinamente tienen una carga y se arriesgan a señalar los errores de la iglesia.

Martín Lutero fue catalogado como hereje, pero después de 500 años, la iglesia católica, en los labios del Papa Francisco, propone que Lutero sea reconocido, no como hereje, sino como un testigo del Evangelio.

La historia nos ha enseñado que las instituciones a veces matan a los profetas o a los mensajeros que se les oponen.

Sin duda, en la lucha por corregir el curso de la iglesia, muchos *profetas morirán,* pero su obra rendirá fruto.

Prefacio

Hay síntomas preocupantes en la iglesia actual. Al paso que vamos, algunos sectores de la iglesia corren el riesgo de convertirse en secta, si es que ya no ha sucedido.

Es importante aclarar que la *destrucción creativa* no rechaza todos los conceptos antiguos, más bien los renueva. (A menos que sean tradiciones equivocadas que nos atan).

Jesús provocó un tipo de *destrucción creativa* en la religión de su tiempo.

Cuando dijo, *"Ustedes han oído que se dijo, (…) pero yo les digo"*.³ estaba entrando en ese proceso de "destruir" algo que se había desviado, malinterpretado y había convertido a la religión en algo irrelevante.

Hoy más que nunca debemos escuchar el consejo de Pablo en relación a la autenticidad de nuestra fe y la iglesia a la que esta pertenece. *"Examínense para ver si están en la fe; pruébense a sí mismos. ¿No se dan cuenta de que Cristo está en ustedes? ¡A menos que fracasen en la prueba!"*.⁴

Cada uno de los capítulos de este libro son una crítica desde adentro, un intento por provocar una *destrucción creativa* que nos lleve a re-descubrir nuestra identidad como iglesia.

Referencias:
Prefacio
1. Proverbios 27:6. Versión RVR, 1960.
2. Schumpeter, Joseph A. *Capitalism, socialism and democracy.* Harper & brothers, New York, 1942. Págs. 82-83.
3. Mateo 5:21. Versión NVI
4. 2 Corintios 13:5. Versión NVI

1
Peregrinos

Cuando escucho la palabra *peregrino*, esta evoca en mí ciertos anhelos.

La libertad de abandonar el lugar de seguridad y emprender un viaje, me hace pensar en la osadía que a veces no poseo y los riesgos que debería tomar.

La palabra *peregrino* me confronta con mi comodidad.

En vez de propender por la certidumbre que siempre busco, la palabra *peregrino* me hace pensar en la incertidumbre, esa de no saber lo que pasará mañana.

Esa incertidumbre es la que conserva vivo al peregrino, pues lo mantiene en contacto con lo real, lo verdadero.

Aunque el enfoque de nuestra sociedad moderna es buscar la seguridad y el confort; desde una cama que se adapta a mi peso y postura, hasta seguros médicos y de vida en el caso de cualquier eventualidad, secretamente envidiamos a aquellos que tuvieron el valor de dejar dicho confort y seguridad para vivir una vida de peregrinos.

De la Patagonia a Alaska

Una pareja argentina viaja en camión desde la Patagonia hasta Alaska, nos encontramos con ellos una noche que terminamos de correr en Villahermosa Tabasco, México.

Llevan más de una década en el recorrido, y cuando pasaron por Ecuador, les nació una hija que ya cumplió siete años.

Imprimen camisetas con fotos que se toman en el trayecto y las venden para poder continuar con el recorrido. Escriben un libro acerca de su travesía, una travesía en la que no parecen tener prisa.

Aceptan donativos de personas que se encuentran en el camino, y me imagino que ese tipo de ayuda siempre la tendrán, porque la gente está sedienta de aventura.

De alguna manera, los donantes al dar unos cuantos pesos hacen el viaje vicariamente a través de esta pareja que secretamente es vista como de héroes.

Peregrinos

Este tipo de historias hacen eco en nuestros corazones; *"un abismo llama a otro abismo"*[1].

Nos hemos dado cuenta que todos nuestros esfuerzos por vivir seguros y cómodos nos han llevado a pasar por la vida en piloto automático. Realmente no disfrutamos la vida.

Entre más leo el texto bíblico y veo la historia de la iglesia, más percibo la vida espiritual como un peregrinaje, un viaje, una búsqueda constante en la que a veces es mejor no llegar al destino y encontrar lo que buscamos, porque luego nos conformamos, queremos hacer enramadas y quedarnos a vivir allí.

La vida cristiana de muchos los lleva a sentirse seguros, pero, paradójicamente, sin vida.

Han encontrado una seguridad religiosa al refugiarse en la doctrina y ciertas prácticas, pero están desconectados de la vida y se han vuelto predecibles.

La vida cristiana de muchos los lleva a sentirse seguros, pero, paradójicamente, sin vida.

Nuestro caminar de fe es uno de sedentarios, cuando el texto bíblico se encuentra saturado del arrojo y la valentía de los peregrinos, la osadía de correr hacia lo desconocido.

Abraham deja Ur de los Caldeos, el pueblo de Israel deja una y otra vez su tierra y viven como errantes, (de allí la frase, *"como judío errante"*).

Jesús mismo deja el cielo para venir a la tierra; se convierte en un peregrino por nosotros.

Al estar aquí en nuestros territorios, nos deja un mensaje muy adecuado para aquellos que, como peregrinos, quieran seguirlo. *"Yo soy el camino"*.[2]

No dijo, *yo soy el fin del camino*, o *el destino al que debes llegar*. *"Yo soy el camino"*, ¡camina…!

La lista de los héroes de la fe en la epístola a los hebreos concluye diciendo: *"No recibieron lo prometido, lo vieron desde lejos, eran* *extranjeros y peregrinos aquí en este mundo".*³

Fe con residencia

La fe moderna está muy lejos de ser una de peregrinos.

Hemos **institucionalizado** la fe, le hemos dado nombre (la hemos denominado, de allí viene la palabra "denominación").

Le hemos dado residencia.

Esa residencia es la iglesia.

Lo curioso de esto es que los primeros creyentes eran conocidos como *los del camino*, no *los estacionados*.

El peregrino vive en medio de la incertidumbre, y cuando analizo la verdadera fe, me doy cuenta que parece que Dios nos quiere mantener con cierto nivel de incertidumbre.

Las Escrituras nos hablan del Dios que se esconde, el Dios que habita en la oscuridad, el Dios que se asoma por la abertura del cerrojo, el Dios que cuando decide acercarse es fácilmente confundido con un jardinero, con un forastero en el camino; un forastero que cuando logramos reconocer que es Él, desaparece de nuestra vista.

¿Por qué no se manifiesta más claramente? ¿Por qué no muestra más evidencia de su existencia?

Espiritualidad acentuada

La incertidumbre le da al peregrino una espiritualidad más acentuada y profunda, llevándolo a poner atención a las cosas ordinarias de la vida y manteniendo así el asombro de un niño.

Hay un Dios que se esconde y que los peregrinos encuentran en el camino, en otro caminante, en un vagabundo, en un paisaje.

Esta fe mezclada con incertidumbre me parece más real.

Siempre me han incomodado esas preguntas que a veces la gente hace cuando estás a punto de iniciar algo, interrogantes como: ¿Cuál es tu visión y tu misión?

En la década de los 90 parecía haber una fiebre de escribir la visión y la misión.

Cada iglesia y ministerio trataban de hacerlo, luego la ponían en un cuadro y se olvidaban de ella.

El peregrino parece no tener una visión y una misión específicas.

Aunque creo en planear las cosas, a veces siento preocupación al establecer visión y misión; me asusta el orgullo que se deriva de creer que tenemos todas las cosas bajo control.

¿Dónde queda la fe? ¿La incertidumbre? ¿La emoción por lo desconocido?

Después de haberme dado muchos topes con la fe, he descubierto que Dios es el que está a cargo de mi vida y mis planes, yo solo trato de alinearme con Él.

Hay un Dios que se esconde y que los peregrinos encuentran en el camino, en otro caminante, en un vagabundo, en un paisaje.

El zigzagueo de Jesús

Cuando ves el ministerio de Jesús, hay una aparente falta de visión y misión.

Aunque para Él era claro que *tenía que ir a Jerusalén*, su vida está llena de cambios e interrupciones.

A su madre le dice, *"todavía no ha llegado mi hora"*[4] cuando ella le pide que haga algo porque el vino se había acabado en las bodas de Caná de Galilea, pero momentos después convierte el agua en vino.

Aparentemente sí se llegó su hora.

Henry Nouwen propone que el ministerio de Jesús no estaba en la estructura de un horario y agenda, sino en las interrupciones, y agrega diciendo de sí mismo:

En mi vida diaria han sido las interrupciones las que han revelado para mí los misterios divinos de los que soy parte [...] Todas estas interrupciones se presentaron como oportunidades que me invitaron a ver mi identidad delante de Dios. Cada interrupción me quitó algo y me ofreció algo nuevo.[5]

Ese parece ser el *modus operandi* del Maestro.

En una ocasión va camino a sanar a una niña y es interrumpido por una mujer enferma de flujo de sangre que toca el borde de su manto y se cura, Jesús se detiene a hablar con esta mujer que lo ha tocado y mientras lo hace, la niña muere.

Desde nuestra perspectiva eso sería una irresponsabilidad de parte de Él, o un error, pero no… ¡Después resucita a la niña!

Lázaro

La muerte de Lázaro es otro de los incidentes en los evangelios que nos ponen a pensar.[6]

María y Marta, las hermanas del protagonista del relato, le avisan a Jesús que su hermano está enfermo de muerte, pero el Maestro de Galilea se queda dos días más donde se encontraba y finalmente su amigo muere. Jesús llega a Betania cuando ya Lázaro tenía cuatro días en la tumba. Las hermanas del difunto están desconsoladas y le reclaman por no haber venido antes… pero el Hijo de Dios resucita a Lázaro.

Jesús no parece compartir nuestras prisas, nuestros planes perfectamente trazados, al parecer, en su estancia por esta tierra, Él vive la vida día a día.

La incertidumbre del peregrino parece ser una de las características de aquellos que siguen a Jesús.

No siempre tendremos la garantía que las cosas saldrán bien, debemos abrazar la incertidumbre y el dolor, esto nos hará más reales y honestos.

La fe es prima hermana de lo incierto y lo desconocido; caminan juntos. En el momento que trato de evitarlos, dejo de tener fe.

Muchos cristianos actualmente no tienen fe; lo que tienen son dogmas y leyes, pero no fe. Un dogma es algo que crees porque tienes que creerlo, no porque luchaste con ese tema en tu corazón hasta desarrollar fe.

De igual manera las leyes te llevan a hacer algo porque tienes que hacerlo, aunque no estés de acuerdo.

Peregrinos

Peregrino vs predicador

Jesús les dijo a sus discípulos, *vayan, caminen por todo el mundo y hagan discípulos.*[7]

Los primeros discípulos actuaron más como peregrinos que como predicadores.

Las instrucciones de Jesús al enviar a predicar a sus discípulos parecen describir a un peregrino.

"No lleven oro ni plata ni cobre en el cinturón, ni bolsa para el camino, ni dos mudas de ropa, ni sandalias, ni bastón [...]

En cualquier pueblo o aldea donde entren, busquen a alguien que merezca recibirlos, y quédense en su casa hasta que se vayan de ese lugar. Al entrar, digan: 'Paz a esta casa'".[8]

Cuando se habla de temas espirituales, la gente escuchará con más atención a alguien con corazón de peregrino que a un predicador.

Jesús no parece compartir nuestras prisas, nuestros planes perfectamente trazados, al parecer, en su estancia por esta tierra, Él vive la vida día a día.

Un peregrino es alguien que va caminando a un lugar sagrado. Aún no ha llegado y no se preocupa tanto porque *"...la fe abraza el camino como un tipo de destino"*[9]

Muchos creyentes actúan como si ya hubieran llegado a su destino.

El peregrino está en una búsqueda, y al caminar se identifica con las personas que se encuentra en el camino porque sabe que todos estamos en la misma búsqueda.

Así mismo, un peregrino no predica; camina, y al hacerlo inspira a que otros lo sigan en el camino.

A diferencia de los sedentarios que pueden ser huraños y desconfiados, el peregrino es amigable, abierto, sincero.

En cambio, aquellos que ya llegaron a su destino son predecibles y los caracteriza el orgullo, el estupor, el aburrimiento.

La fe es humilde, reconoce sus limitaciones, y un peregrino, en consecuencia a su creencia, reconoce también sus propias limitaciones y su fragilidad; la fragilidad de un grano de mostaza.

Un peregrino entiende que *ahora vemos como por un espejo*, reconoce que solo *ve en parte* y necesita a los demás en el camino para considerar el cuadro total, o una parte más amplia del mismo.

El peregrino no discute; conversa, porque sabe que en las discusiones no hay un ganador.

A veces actuamos como si tuviéramos todas las respuestas.

Hay un afán en muchos creyentes de querer corregir y enseñar a quien se ponga enfrente de ellos.

Un peregrino sabe que no lo sabe todo, que está aprendiendo.

Cuando actuamos como si ya lo conociéramos todo en el tema de Dios y la espiritualidad, la gente deja de escucharnos.

El peregrino entiende que no está aquí para dar respuestas sino para conversar y es en la conversación donde la gente encuentra sus respuestas.

La realidad es que sabemos lo necesario acerca de Dios, pero nunca tendremos un conocimiento exhaustivo de Él.

En el tema de la teología, aun los expertos siguen siendo laicos.

La salud de los peregrinos

Un peregrino siempre está en movimiento, está lleno de energía.

En mis más de treinta años de ser corredor, he descubierto que el correr no me cansa, me da energía.

Una tarde cuando corría me encontré con una anciana de ochenta años, su estatura era de 1.30 metros aproximadamente. Era buena conversadora, me contó que cada día caminaba ocho kilómetros. Llena de vida y energía, no parecía tener su edad.

En otra ocasión mientras corría, me encontré a un hombre de sesenta y cinco años que recorría veinte kilómetros diarios en su bicicleta. De la misma manera que la anciana, parecía un hombre satisfecho, pleno.

La vida plena que Jesús nos ofrece toma lugar en el camino, nuestra salud emocional vendrá como resultado de tener una fe de peregrino.

Intercesores

Un peregrino se ve a sí mismo como un pecador, entiende el corazón humano y se identifica con los demás como lo hace Jesús, quien fue tentado en todo como nosotros.

Es por eso que el peregrino es un verdadero intercesor, porque ve a los demás como iguales a él.

Este en vez de juzgar a los que se encuentra en el camino por pensar diferente a él, los defiende, los protege, intercede por ellos.

La intercesión es algo que los creyentes modernos hemos limitado a la oración.

Intercedemos por las personas a través de la oración, pero cuando los tenemos frente a nosotros, los atacamos.

La verdadera intercesión es evidenciada cuando Jesús protege a la mujer adúltera no permitiendo que los demás la apedreen, o como dice mi amigo Ulises Oyarzún: *"Jesús le dijo a la mujer sorprendida en adulterio 'no peques más', pero frente al inminente linchamiento, Él defendió al pecador del apedreo"*.

Hacen falta este tipo de intercesores, hay que llevar el ritual (oración de intercesión), a la práctica.

Un peregrino habla desde su debilidad y no desde su deseo de querer controlar y decirle a los demás lo que tienen que hacer o pensar.

La gente no entiende un argumento a favor o en contra de algo a menos que se acomode a su sentido de realidad.

Debemos dejar de tratar de convencer a la gente de lo que pensamos, tal vez así mostrarán más interés en saber lo que creemos.

¿Será que tal vez necesitamos cambiar nuestra idea de evangelismo a una de peregrinos?

¿Será que tal vez necesitamos dejar de ser tan apologéticos y dogmáticos y ser más compasivos?

Adornando Tumbas

El discurso de Jesús no fue apologético, fue poético, evocativo, con historias que iban más al corazón que a la mente de las personas.

"En un mundo donde la gente dice no tener hambre, no debemos ofrecer comida, sino el aroma de comida, que los llevará a desear la comida...".[10]

Referencias:
Peregrinos
1. Salmos 42:7. Versión NVI
2. Juan 14:6. Versión NVI
3. Hebreos 11:13 (paráfrasis del autor)
4. Juan 2:4. Versión NVI
5. Nouwen, Henry. *Beyond the mirror*. New York. The Crossroad Publishing Company, 1990. Pág. 16
6. Juan 11. Versión NVI
7. Mateo 28:19 (paráfrasis del autor)
8. Ibid 10:9-12. Versión NVI
9. Rollins, Peter. *How not to speak of God*. Breuster, MA Paracleet Press, 2006. Impreso. Pág. 6
10. Ibid 42

2
Liderazgo y paternidad

Cuando los niños son muy pequeños no están conscientes de la diferencia que existe entre ellos y los demás. Miran el mundo como una extensión de sí mismos; tienen hambre y alguien les da de comer, lloran y alguien los toma en los brazos.

A medida que los pequeños crecen se empiezan a dar cuenta que son seres independientes, que hay un *yo* y hay algo fuera del *yo*, otras personas que también son independientes.

Se empiezan a dar cuenta de la diferencia entre ellos y el mundo que los rodea.

Este entendimiento toma lugar antes que puedan articular una conversación, y la manera en la que los niños demuestran su independencia, es a través de reclamar algo como propio; de las primeras palabras que los pequeños aprenden son "mío" y "dame".

Poco a poco dejan de pertenecer a ese mundo que era una extensión de ellos mismos y entran al de la independencia centrado en el *yo*; el mundo de la competencia, la rivalidad y el antagonismo; el mundo de los mayores.

Como adultos se empiezan a preocupar más y más por sus logros y posesiones.

El mundo se vuelve un campo de batalla en el que deben sobresalir y demostrar lo que pueden hacer.

Para distinguirse y ganar, el adulto utiliza a los demás para su beneficio personal.

En un mundo competitivo, el adulto sataniza a los que se oponen a él y no le permiten lograr lo que quiere.

Nada demuestra con más claridad el ensimismamiento que el desarrollar una imagen monstruosa de los demás.

Así se vive la vida, así nos relacionamos con los otros.

El Dios-comunidad.

En ese estado mental tenemos un encuentro con el Dios-comunidad, el que en un sentido nos quiere *regresar a la niñez.* "*... A menos que ustedes cambien y se vuelvan como niños, no entrarán en el reino de los cielos*"[1] dijo Jesús.

2 Liderazgo y paternidad

En parte, la vida cristiana consiste en dejar de vivir para nosotros mismos y empezar a hacerlo para los demás, regresar a los confinamientos de la niñez, al lugar en el que éramos parte de una historia más amplia.

Como miembros del *cuerpo de Cristo* empezamos a formar parte de esa historia, pero la lucha por pertenecer a una comunidad, versus ser independientes, continúa a través de toda la vida.

En la analogía que el apóstol Pablo hace acerca de la iglesia y el cuerpo, describe de una manera casi cómica la competencia. "*Si el pie dijera: 'Como no soy mano, no soy del cuerpo', no por eso dejaría de ser parte del cuerpo. Y, si la oreja dijera: 'Como no soy ojo, no soy del cuerpo'...*".[2]

Estos ejemplos demuestran la lucha constante de regresar al *yo*, ese pleito interno entre complacernos a nosotros mismos o ser parte de la comunidad.

Dentro de una comunidad todos llegamos a sufrir el *síndrome de la oreja resentida*.

Hay líderes que son parte de una comunidad, pero viven en el exilio, separados de ella, aislados del cuadro más amplio.

El problema del egoísmo, la independencia y el utilizar a los demás son características aún más graves en aquellos que están en una posición de influencia.

Si el cristiano promedio batalla con el egoísmo, el líder batalla aún más.

Se ha escrito acerca de la soledad del líder, y esta no solo se define, sino que se justifica argumentando que él no puede llevar una relación muy cercana con los miembros de su congregación o grupo subordinado y que debe guardar cierto misterio ante los demás.

Todas estas formas de pensar provienen de una manera de mirar la fe centrada en el *yo*.

Hay líderes que son parte de una comunidad, pero viven en el exilio, separados de ella, aislados del cuadro más amplio.

El líder que no practica el concepto de comunidad buscará el protagonismo, buscará ser visto como héroe.

Esto siempre ha existido, y aunque todo líder lo experimenta en un grado u otro, ese no es el liderazgo al estilo de Jesús.

Monte Sinaí o monte Calvario.

Hay cosas acerca del protagonismo que necesitamos entender.

El que lo busca siempre querrá tener un ministerio espectacular, pomposo, sobresaliente.

Si comparamos el ministerio con los montes Sinaí y el Calvario, el primero será más atractivo para el líder protagonista, allí hay humo, fuego y relámpagos, pero si queremos ser líderes a la manera de Jesús, el segundo será más afín a lo que Dios espera de nosotros.

Es necesario aclarar que además el monte Sinaí representa la ley, y siempre un ministerio basado en la ley será más *espectacular* que aquel que está basado en la gracia.

El líder que busca protagonismo siempre vivirá y llevará a su gente a vivir bajo algún tipo de ley, porque la gracia hace muy difícil el protagonismo. De hecho, en la gracia no hay protagonismo.

No es de sorprender que la parábola que más revela el carácter de Dios, la del hijo pródigo, presenta un padre aparentemente *débil* y sin protagonismo, uno que da libertad a sus hijos, que perdona y corre a recibir a los rebeldes, un padre que celebra su regreso.

En la gracia ni siquiera Jesús es el protagonista.

Por eso el mensaje de la cruz era difícil de digerir. *"¿Quién ha creído a nuestro anuncio?"*[3] Cuestionó el profeta Isaías, insinuando con esta pregunta, lo difícil que era el protagonismo de alguien colgado en un madero.

Si buscamos entonces protagonismo, el estilo de los ministerios de Juan el Bautista y Elías, serán más espectaculares que el de Jesús.

Siempre me ha parecido interesante el afán que se tiene en algunos círculos cristianos de predicar al estilo de Juan el Bautista: austeros, enojados, agrios, y gritando a voz en cuello; o actuar al estilo de Elías, tratando de hacer que descienda fuego del cielo y

cortando la cabeza de los falsos profetas.
Elías representa la ley y su ministerio es espectacular.
En cambio, Eliseo su discípulo, representa la gracia. Eliseo con todos sus defectos, es discreto, sencillo, mesurado.
Necesitamos dejar de ser Elías y pasarle el manto al Eliseo que está dentro de nosotros.

El protagonismo de Pedro.
Hay muchos ejemplos de personajes bíblicos que quisieron ser protagonistas, pero el más obvio de todos es Pedro.
Él siempre lo anheló.
Muchas de sus acciones revelan a un líder impulsivo, terco, celoso, y aunque parezca contradictorio, inseguro.
Es importante enfatizar este último aspecto, ya que la inseguridad siempre nos empujará al protagonismo.

Una de las cosas más dañinas y peligrosas en la vida de un líder es la inseguridad.
Los problemas de abuso de autoridad y divisiones en las iglesias, son, en muchos casos, provocados por líderes inseguros que buscan protagonismo.
Pedro era inseguro y quería ser héroe, pero curiosamente, la historia más conocida sobre él no es la de un acto heroico, es la de uno cobarde, la negación de Jesús.
Esta vino después de que Pedro fue porfiado, después de haber querido actuar como héroe diciendo que nunca dejaría a Jesús, y que estaba dispuesto a morir por Él, pero fracasó y negó a su Maestro.
Luego de la resurrección[4], Pedro se encuentra con otros de los discípulos en el lago de Genesaret y les dice: *Me voy a pescar.*
No estoy seguro que esta declaración significaba solamente que en efecto se iba a pescar, o significaba algo más.
Al leer la historia me parece que allí, en efecto, había algo más.
Tal vez estaba abandonando el llamado que Jesús le había hecho de ser *pescador de hombres* y estaba regresando a ser solo un pescador.

Adornando Tumbas

Cuando nos damos cuenta que el liderazgo al estilo de Jesús no promueve el protagonismo, a veces el ministerio de algunos pierde sentido y se desmorona.

Nos inunda la incertidumbre.
Cuestionamos nuestro llamado y optamos por la retirada en vez de cambiar nuestro estilo de liderazgo.
Parece que Pedro había optado por lo primero...

El relato del evangelio escrito por Juan nos dice que esa noche varios de los discípulos y Pedro habían salido a pescar, pero no pescaron nada.
Cuando empezaba la mañana, Jesús se acerca a la orilla del lago, pero los discípulos no saben que es Él.
Desde allí les pregunta que si tienen algo de comer, y ellos responden que no.
En ese momento, el hasta ahora misterioso personaje les dice que echen la red a la derecha de la barca, y esta captura tantos peces que no pueden sacarla.
Juan se da cuenta que es Jesús y dice: *"Es el Señor"*; Pedro después de escuchar esto, se pone su ropa porque se había despojado de ella, y se echa al mar.
Después de esto los discípulos van con Jesús, pero Pedro se queda recogiendo la red y aparentemente contando los peces, porque dice el pasaje que eran 153.
Cuando terminan de desayunar, el Maestro se acerca al frustrado discípulo.
Jesús llega a donde está Pedro.
A su fracaso.
A su intento fallido de ser héroe.
Y empieza a tener una de las conversaciones más interesantes que haya tenido con uno de sus discípulos.
Con esta charla Jesús quiere llevar a Pedro a entender de qué se trata el trabajo que lo ha llamado a hacer.

Liderazgo y paternidad

Todo líder debe tener esta conversación con Jesús.

¿Me amas?
Jesús le hace la famosa pregunta:
Simón hijo de Juan, ¿Me amas más que estos?
Algunos argumentan que para Pedro el éxito era muy importante, como lo es para todo líder inseguro, y que los peces que habían pescado, eran determinantes en el momento que estaba viviendo. Por eso Jesús le dice: *¿Me amas más que todos estos peces, me amas más que todo este éxito?* Pedro le responde a su Maestro y le dice: *Sí Señor, tú sabes que te quiero.*

- *Apacienta mis corderos*, le dijo Jesús.

Volvió a preguntarle: *Simón, hijo de Juan, ¿Me amas?*

- *Sí Señor, tú sabes que te quiero*, respondió de nuevo el pescador.

Cuando nos damos cuenta que el liderazgo al estilo de Jesús no promueve el protagonismo, a veces el ministerio de algunos pierde sentido y se desmorona.

Cuida de mis ovejas, repitió el hijo de Dios.

Por tercera vez le preguntó: *Simón, hijo de Juan, ¿Me quieres?*

El evangelista nos cuenta que después de la tercera vez, a Pedro le dolió que Jesús insistiera tanto; así que le dijo: *"Señor, tú lo sabes todo, tú sabes que te quiero".*

- *"Apacienta mis ovejas"*, le dijo Jesús por tercera vez.

Pedro parece no entender lo que Jesús está tratando de hacer y le duele la repetición de la misma pregunta.

Duele cuando el Señor cuestiona nuestra motivación ministerial.

Cuando según nosotros, estamos haciendo lo correcto, cuando creemos que hacemos lo que hacemos para Dios; pero el corazón nos ha engañado.

Lo estamos haciendo para nosotros.

Estamos buscando protagonismo.

Jesús repite la pregunta porque lo que está a punto de enseñarle es de suma importancia.

La repite tres veces…

En el lenguaje hebreo, cuando se quería acentuar la importancia a algo, se repetía tres veces, *"Santo, Santo, Santo"*

Al hacerle la pregunta a Pedro, Jesús está insinuando lo superlativo de la enseñanza que está a punto de darle.

Él le está preguntado: *¿Sabes de qué se trata lo que te he llamado a hacer?*

No se trata de ser protagonista, ni de ser héroe o de tener éxito.

Se trata de las ovejas, de cuidar y vivir para ellas, de conocerlas por su nombre, de ser pastor, se trata de la comunidad.

Después, el Señor le dice a Pedro algo que parece ser un *"non sequitur"*, cuando en realidad remata de una manera certera lo que está tratando de enseñarle.

"De verdad te aseguro que cuando eras joven te vestías tú mismo e ibas a donde querías, pero cuando seas viejo extenderás las manos y otro te vestirá y te llevará a donde no quieras ir"[5]

Genial, como siempre Jesús es genial.

"Cuando eres joven", cuando todavía no eres viejo, cuando no eres padre, te vistes a ti mismo, vas a donde tú quieres ir, tienes el control, eres protagonista.

Esta es una referencia a la independencia y al orgullo. El orgullo que no debe existir en un líder y la independencia que no debe existir dentro de una comunidad.

Al *joven* le caracteriza la independencia, *"pero cuando seas viejo"*, cuando seas padre, cuando seas pastor, perderás el control.

Ya no estarás tú a cargo, tus hijos tendrán el control, las ovejas tendrán el control.

A muchos nos cuesta entender esta verdad hasta que somos

padres.

Desde que llegaron mis hijos, ellos han tomado el control.

Cuando mis hijas querían jugar, me peinaban, me maquillaban la cara, me sentaban en sus sillitas para jugar a la cocina.

Mis hijos tenían el control cuando tenían hambre, cuando tenían frío, cuando lloraban, y especialmente cuando se enfermaban.

Como padre, dejas de vivir para ti y comienzas a hacerlo para los demás. Ya no vas a donde quieres ir, vas a donde tus hijos quieren ir.

¿Qué película vamos a ver? La que quieren ver mis hijos…

¿A qué restaurante vamos a ir? Al que quieren ir mis hijos…

Te preocupas por los demás, más que por ti.

Te convertiste en un padre…

La iglesia del padre.

Como ya dijimos, la historia por excelencia del amor de Dios, la parábola del hijo pródigo, es la historia de un padre y sus hijos.

Desde un punto de vista humano, esta parábola presenta a un padre casi *débil*, sin protagonismo alguno, excepto el del amor.

En este relato, encontramos el corazón de un padre.

Cuando leo esta parábola tan fascinante, no puedo evitar reírme y pensar en que, si el padre de la historia decidiera fundar una congregación en cualquier ciudad de Latinoamérica, tal iglesia sería catalogada como *light*.

La gente diría:

"*Allí hay mucho libertinaje*".

"*Te dejan hacer lo que quieres*".

"*Allí no hay confesión de pecados*".

"*Allí solo se predica de amor y nunca de juicio*".

"*Allí es pura fiesta*".

Cuando me dicen que pastoreo una iglesia *light*, ya me está empezando a gustar.

Se me hace que vamos en la dirección correcta…

¿No dijo Jesús que su carga era ligera (*light*, en inglés)?
Mi esposa dice que cuando ella era adolescente y escuchaba el versículo *"porque mi yugo es fácil y mi carga ligera"*,[6] le molestaba. Sentía que el pasaje contradecía lo que el cristianismo significaba en esos días.

La iglesia del hermano mayor.

La iglesia que muchos experimentan, parece haber sido fundada por el hermano mayor de la historia del hijo pródigo. Refunfuñón, aguafiestas, con un falso sentido de justicia basado más en las obras que en el amor del padre. Egoísta, centrado en el *yo*.
"Siempre he estado contigo".
"Siempre te he obedecido".
"No me has dado ni un cabrito".

La razón por la que el hijo mayor no es compasivo, es porque no tiene corazón de padre.
Aunque estaba en casa, no tenía semejanza con él.

La realidad es que como líderes a veces tenemos miedo de crecer y madurar. Queremos seguir siendo adolescentes, seguir siendo protagonistas.
El corazón de padre siente el dolor de los hijos, siente el dolor que el pecado ha provocado en ellos y quiere abrazarlos, besarlos, nunca castigarlos.
El pecado ya los castigó lo suficiente.

Hay muchos líderes que desean seguir siendo protagonistas porque no han llegado a ser padres.
Lo que hacen, lo hacen por sus ministerios, por su bienestar, por su nombre.
La realidad es que nuestro liderazgo nunca se percibirá como auténtico a menos que tengamos un corazón paternal.

2 Liderazgo y paternidad

He conocido líderes que han sido duros, intransigentes, arbitrarios, dueños y señores de su reino, hasta que les llega el dolor:
Su hija quedó embarazada.
Descubrió a su hijo usando drogas.
Su hijo se alejó de la iglesia en rebeldía.
Su esposa empezó a padecer depresión y después de verla sufrir tanto, tuvo que llevarla al psicólogo.

Esto hace que el corazón de un líder sea mudado.

La razón por la que el hijo mayor no es compasivo, es porque no tiene corazón de padre.

Después de llorar, después de lamentar, después de darse cuenta que no tienen control de todo, después de que su burbuja de vida perfecta se reventó, empiezan el proceso de convertirse en padres.

Se vuelven compasivos, entienden a los demás.

Dejan de tildar de *rebeldes* a los jóvenes porque ven a su hijo reflejado en ellos.

Dejan de ofender a las señoritas que se visten *provocativas* o *pecaron* sexualmente porque empiezan a verlas como hijas.

Empiezan a ver a las señoras con problemas emocionales de su iglesia con los ojos que ven a su esposa que está tomando antidepresivos.

Abrazan el dolor, abrazan el fracaso, y cambian, se convierten en padres.

Aun Pablo, en los últimos años de su vida, se convirtió en un padre.

No siempre lo fue.

En sus primeras epístolas, el apóstol de los gentiles fue duro e intransigente, pero en las últimas que escribió desde la cárcel, era más paternal.

Referencias:
Liderazgo y paternidad
1. Mateo 18:3. Versión NVI
2. 1 Corintios 12:15-16ª. Versión NVI
3. Isaías 53:1. Versión RVR, 1960.
4. Juan 21:1-18. Versión NVI. Digital.
5. Ibid 21:18
6. Mateo 11:30. Versión RVR, 1995.

3
Paternidad y sucesión

Adornando Tumbas

Una mañana mientras escogía la ropa para vestirme, no encontré en mi vestidor una camisa que me quería poner. Después de buscarla sin éxito le pregunté a mi esposa si la había visto, me dijo que no y me sugirió que fuera a la habitación de mi hijo Adrián a buscarla. Usamos la misma talla de ropa.

Mi hijo no estaba en casa, así que entré a su vestidor e inmediatamente encontré la camisa.

Después de tomarla en mis manos y antes de salir del vestidor, tuve el instinto de olerla, al hacerlo me di cuenta que ya no olía a mí, olía a mi hijo y esto me llenó el corazón de satisfacción.

Recordé las palabras de Isaac: *"¡ah, el olor de mi hijo!"*.[1]

Como Adrián estaba fuera de casa, la experiencia fue acentuada por su ausencia.

Esa misma tarde me senté a escribirle una carta donde le conté lo sucedido.

Le dije que me había gustado el olor de la camisa y lo mucho que ese olor significaba para mí.

Le hablé de la sucesión.

Le dije que en un sentido figurado la camisa ya no era mía, él la había hecho suya, y lo invité a tomar el lugar que Dios tenía para él.

Como vimos en el capítulo anterior, el liderazgo está ligado a la paternidad, y no podemos hablar de ella sin tocar el tema de la sucesión.

La realización de la paternidad y su plenitud se alcanzan cuando experimentamos la sucesión.

Primero el padre engendra al hijo...

Después el hijo engendra al padre...

Es decir, primero somos progenitores y nuestros hijos nos llevan a ser plenamente padres en el momento de la sucesión.

La palabra *sucesión* de una manera simple significa ocupar el lugar de alguien más.

Se da en los empleos, también en las empresas cuando los

3 Paternidad y sucesión

hijos sustituyen a los padres, se da después de la muerte, cuando los bienes, los derechos y las obligaciones del padre quedan en las manos del hijo. Eso es la sucesión.

Déjame profundizar un poco más en el tema.

La sucesión no significa necesariamente que nuestros hijos ocuparán nuestro lugar en la empresa, el trabajo o el ministerio. A veces ellos toman caminos distintos, pero sigue habiendo una sucesión. No ocupan nuestro lugar, en el sentido literal, pero ocupan un lugar, uno que como padres reconocemos y respetamos.

En el capítulo anterior hablábamos acerca del líder que busca protagonismo y cómo este problema no nos permite entender que todo se trata de las ovejas, de los hijos.

El líder que busca el protagonismo es egoísta, todo está centrado en él y sus aspiraciones; y difícilmente permite la sucesión. No entiende que se llegará el momento en el que nuestros hijos nos vestirán y nos llevarán a donde no queremos ir.

> **Primero somos progenitores y nuestros hijos nos llevan a ser plenamente padres en el momento de la sucesión.**

Jesús dijo en una ocasión que *no llamáramos a nadie padre porque solo hay un padre que está en los cielos*.[2] Estas palabras suenan extremas para los que somos padres de familia, pero debemos entender el contexto en el que se dijeron.

Durante los tiempos de Jesús, el patriarca (padre) era el centro de todo. Para los padres, los hijos a veces solo eran materia prima que los llevaba a alcanzar sus propósitos. Por esa misma razón, las hijas no eran deseadas porque no podían contribuir a la economía del hogar. Los matrimonios de las mujeres eran usados para acuerdos financieros que beneficiaban al padre, la familia del esposo debía pagar un precio al padre de la novia.

Esta mentalidad, de una manera subyacente, continúa presente en el liderazgo protagonista.

El líder protagonista ve a los demás de una manera utilitaria.

Pseudo-sucesión.
Hay casos en los que se da una pseudo-sucesión; el líder protagonista permite la sucesión, pero el hijo se convierte en una copia perfecta de él.

He escuchado a líderes decir entre líneas lo orgullosos que están de que sus hijos sean exactamente como ellos, pero creo que es una tragedia.

La Biblia habla del Dios de Abraham, de Isaac y de Jacob.

Cuando se dio la sucesión en las vidas de estos patriarcas, el Dios de Abraham, deja de ser el Dios de Abraham para Isaac, y se convierte en el Dios de Isaac, pero después el Dios de Isaac dejó de ser el Dios de Isaac para Jacob, y se convirtió en el Dios de Jacob.

Se puede argumentar que se dio una sucesión en la relación que ellos tenían con Dios y en la manera que interpretaban su fe.

El progreso viene con la sucesión, cuando esta se niega, se trunca el proceso.

"Bottom up"
La forma tradicional de hacer las cosas siempre ha sido el modelo *Top down*; es decir, alguien arriba decide cómo se deben realizar las acciones y las comunica a los que están debajo.

Esto ha estado cambiando. El mundo cada día se une más y a la vez se vuelve más complejo. Lo vemos en la explosión de las redes sociales, la transmisión de las ideas, la evolución de las lenguas, la amalgama de géneros musicales, la mezcla de razas, etc.

La facilidad de accesar la información y promover las ideas ha hecho que los cambios ahora vengan desde abajo.

Hace algunos años los sellos disqueros empezaron a sufrir los efectos de la piratería.

La gente, en su mayoría jóvenes, buscaban una manera más fácil de acceder a la música; el disco físico perdió popularidad y la música digital descargada de manera ilegal tomó su lugar.

3 Paternidad y sucesión

Se hicieron muchas campañas para combatir la piratería, pero finalmente no funcionaron y los sellos disqueros tuvieron que redefinirse.

Así, el mundo de la música trata cada día de adaptarse a lo que una nueva generación provocó.

El modelo *Top down* no funcionó y en su lugar triunfó el *Bottom up*.

Las revoluciones y los verdaderos cambios en el mundo siempre han sido provocados por jóvenes.

Se ha argumentado que la iglesia en Latinoamérica está atrasada unos 15 o 20 años en comparación a las iglesias de países más desarrollados; hay una carencia de ideas.

El progreso viene con la sucesión, cuando esta se niega, se trunca el proceso.

¿Será porque todo lo queremos hacer bajo el modelo *top down*?

¿Será porque no permitimos la sucesión?

¿Será porque hemos callado la voz de nuestros hijos y truncado sus propósitos?

Las nuevas ideas casi siempre vienen con una nueva generación.

Es una nueva generación la que nos dará el nuevo *curso vectorial* con sus ideas.

Creemos que la manera de hacer las cosas es a través de la autoridad, pero *"la ruta para el cambio no debe ser a través del ejercicio de poder, sino a través del ejercicio de empoderar"*[3]

Fomentado la sucesión.

El ego de un líder protagonista no permitirá las nuevas ideas, hará ver a su hijo(a) como un rebelde, como alguien que se está levantando en contra de la autoridad.

El liderazgo le ha dado nombre a esta actitud de los jóvenes: *espíritu de Absalón*. Basado en la historia de David y su hijo Absalón.

Adornando Tumbas

Es muy común escuchar predicaciones acerca de la *rebeldía de Absalón*, al punto de adjuntarle un espíritu, pero se olvidan los errores que David cometió; sus incongruencias y sus malos ejemplos.

Absalón, en un sentido, siguió el ejemplo de su padre, embriagando a su hermano Amnón antes de matarlo, como lo hizo David con Urías, el esposo de Betsabé.

Fue David el que permitió el banquete en el que Absalón mató a Amnón.

Fue David el que mandó a Tamar, su hija, a la casa de Amnón cuando esta fue violada.

Fue David el que se rehusaba a ver a Absalón después de que le permitió regresar del exilio.

Puede ser que la sedición de parte de Absalón haya sido el resultado de la relación disfuncional que tuvo con su padre David.

Sugiero que si David hubiera fomentado la sucesión, no se hubiera dado la sedición.

Nada define mejor la paternidad que el fomentar y permitir la sucesión.

Por el bien de la iglesia, los líderes necesitamos escuchar las ideas de nuestros hijos y en algunos casos soltar el mando en el ministerio.

Repito lo que dije anteriormente, los padres engendramos a los hijos y después de algún tiempo ellos nos engendran a nosotros.

El padre se convierte en hijo y el hijo se convierte en padre; terminamos siendo enseñados por nuestros hijos.

Cuando no hay sucesión se trunca el desarrollo.

Muere la visión.

Muere con el padre.

La trinidad y la sucesión.
Aun en la trinidad toma lugar la sucesión.

En el Antiguo Testamento es el Padre el que domina el escenario y tiene toda la atención.

En el Nuevo Testamento el lugar lo ocupa el Hijo.

3 Paternidad y sucesión

Jesús empieza su ministerio terrenal como el *Hijo del hombre* y siendo declarado como el hijo amado de Dios durante su bautismo; pero a medida que pasa el tiempo, las palabras de Jesús demuestran un proceso de sucesión.

Cuando los judíos lo rechazan y discuten con Él, Jesús les dice: *"Mis ovejas oyen mi voz, y yo las conozco, y me siguen […] Mi Padre que me las dio, es mayor que todos, y nadie las puede arrebatar de la mano de mi Padre. Yo y el Padre uno somos".*[4]

Varias partes de esta declaración hablan de la sucesión: *Son mis ovejas, mi Padre me las dio.*

El salmo 23 habla del Padre como el pastor, pero aquí Jesús habla de una sucesión donde el Padre le ha dado las ovejas.

Jesús enfatiza que el Padre es mayor que todos, y concluye esta declaración diciendo: *El Padre y yo uno somos.*

Cuando los discípulos dudaban, después que Jesús dijo: *Yo soy el camino, la verdad y la vida,* Tomás le respondió al Maestro: *"Muéstranos al Padre y nos basta"*, Jesús le dice: *"¿Tanto tiempo llevo ya entre ustedes, y todavía no me conoces? El que me ha visto a mí, ha visto al Padre".*[5]

De alguna manera las palabras *el que me ha visto a mí, ha visto al Padre* también salieron de la boca de Absalón cuando la gente venía a buscar al rey David,[6] pero sonaban a sedición, cuando en la boca de Jesús sonaban a sucesión.

Esta sucesión del Padre y Jesús la vemos de una manera más clara cuando Pablo escribe a los Filipenses y dice:

"Por lo cual Dios lo exaltó hasta lo sumo y le dio un nombre que es sobre todo nombre, para que en el nombre de Jesús se doble toda rodilla de los que están en el cielo y en la tierra y debajo de la tierra".[7]

Por supuesto que el Padre continúa teniendo ese lugar de honor en la mesa, el Hijo le sigue dando la deferencia y honra, la adoración a Dios ahora es a través de Jesús, venimos al Padre en el nombre de Jesús. El Padre empieza a depender del Hijo.

Es interesante pensar que las últimas palabras del Antiguo Testamento son *"Él hará volver el corazón de los padres hacia los hijos y el corazón de los hijos hacia los padres..."*.[8] En un sentido esas letras encuentran su cumplimiento en el Padre y su Hijo Jesús.

Es importante aclarar que la sucesión es una carretera de dos vías.

El Padre debe fomentar la sucesión y el Hijo se debe preparar para experimentarla.

Los sueños de nuestros padres.

Cuando mi papá murió, fui confrontado con algo que previamente no le había dado mucha atención; la muerte.

Aunque soy relativamente joven, el deceso de mi padre me confrontó con mi propia muerte.

Él pertenecía a una generación y yo a otra.

Cronológicamente sigo yo.

Esa realización de que algún día vamos a morir nos debe hacer pensar en la sucesión.

Es el turno de los hijos.

Cuando hablamos de Abraham, el padre de la fe, empezamos en el capítulo 12 del Génesis, en el versículo 1. *"El Señor le dijo a Abraham: Deja tu tierra, tus parientes y la casa de tus padres, y vete a la tierra que te mostraré".*[9]

Un llamamiento a empezar una aventura, una invitación de parte de Dios a salir de la casa de sus padres y comenzar ese emocionante viaje; sin embargo, debemos poner atención a lo que había sucedido en el capítulo anterior.

Este plan, esta aventura, este viaje de Abraham, era el sueño que su padre Teraj había tenido mucho tiempo atrás.

Así lo describe el escritor de Génesis:

"Teraj salió de Ur de los Caldeos rumbo a Canaán, se fue con su hijo Abram... Sin embargo al llegar a Jarán, se quedaron a vivir en aquel lugar, y allí mismo murió Teraj a los doscientos años de edad".[10]

3 Paternidad y sucesión

En el "ADN" de Abraham estaba el sueño de su padre y se dio la sucesión.

Lo mismo sucedió con David y Salomón, el templo que el Rey quería construir, lo construyó su hijo.

Al encontrarme con pasajes como estos me pregunto si este es el *modus operandi* de Dios, si de alguna manera los padres tenemos la responsabilidad de soñar sueños que nuestros hijos van a vivir.

El Padre debe fomentar la sucesión y el Hijo se debe preparar para experimentarla.

Mi padre en el lecho de muerte le dijo a una de mis hermanas que en mí se estaban cumpliendo muchos sueños que él tuvo... Yo no lo sabía.

Recientemente leía un libro y estas palabras me asaltaron, era una hija hablando de su madre.

"Tuve que vivir la vida que ella no vivió. Todos hacemos eso por nuestros padres, no tenemos otro remedio".[11]

Debemos dejar un legado de sueños para nuestros hijos, hay que comunicarlos, y la sucesión debe empezar mucho antes del día de nuestra muerte.

El apodo de *dinosaurios*, es dado en México a políticos que no han querido adaptarse al cambio y lo resisten. Lo mismo se puede decir del liderazgo de la iglesia, pero que no se nos olvide que los *dinosaurios*, terminaron convirtiéndose en fósiles.

Referencias:
Paternidad y Sucesión
1. Génesis 27:27. Versión NTV. Digital
2. Mateo 23:9 (paráfrasis del autor)
3. Brewin, Kester. *Signs of emergence*. Grand Rapids Michigan: Baker Books, 2007. Impreso. Pág. 34
4. Juan 10:27-30. Versión RVR1960 Digital
5. Juan 14:6-9. Versión NVI Digital
6. 2 Samuel 15. Versión RVR, 1960. Digital
7. Filipenses 2:9-10. Versión RVR, 1960. Digital
8. Malaquías 4:6. Versión RVR, 1995. Digital
9. Génesis 12:1. Versión NVI. Digital
10. Génesis 11:31-32. Versión NVI. Digital
11. Winterson, Jeanette. *Why be happy when you can be normal*. London: The random house group, 2011. Pág. 1

4 Fusión

Cuando a mi corazón se asoman el celo, la rivalidad y la competencia, me pregunto si hay algo que se me escapa en el tema de la espiritualidad, cuando pierdo la paciencia con los demás y me enojo, no estoy tan seguro de haberlo entendido todo.

Estas contradicciones son un constante recordatorio de que algo me hace falta.

Comparo mi vida con la de Jesús (mesurada, anclada a su llamado, sin prisas), y encuentro una gran discrepancia entre las dos.

Aun en los momentos más complicados de su ministerio; cuando fue fuertemente criticado, cuando no creían su mensaje, cuando lo acusaban de *echar fuera los demonios en nombre de Belcebú*, Jesús mantuvo la calma.

En Él no hay destellos de celos, orgullo, inseguridad o competencia.

Siendo el *Cordero Perfecto*, pide ser bautizado por Juan el Bautista como cualquier otro pecador.

Siendo *Rey y Señor* lava los pies de sus discípulos de la manera que lo hacían los esclavos.

Cuando Jesús luchó con el temor y la angustia, lo compartió con sus amigos más cercanos: *"Mi alma está muy triste hasta la muerte, quedaos aquí y velad conmigo"*,[1] mostrando así su vulnerabilidad y su necesidad de ellos.

A nosotros se nos dificulta pedir ayuda y expresar nuestros temores.

Pensamos que el compartir nuestras luchas con los demás nos pondrá en cierta desventaja, quedaremos a merced de otros, perderemos el control.

Razonamos así porque vivimos en un mundo donde el ego nos ata y nos lleva a la competencia.

Jesús fue diferente.

Aunque era hombre como nosotros, era distinto a nosotros, vivía en una dimensión espiritual más profunda que la nuestra.

La espiritualidad de Jesús estaba muy alejada del misticismo típico de los monjes del desierto, quienes se alejaban de todo lo que los podía contaminar (la ciudad, las mujeres, la celebración), para mantener equilibrio espiritual.

Jesús mantiene su profundidad espiritual en medio de la fiesta, hablando con mujeres, con publicanos y rameras.

El origen de Jesús.
Para entender la vastedad y el equilibrio en la vida de Jesús, es necesario ir a su raíz más primaria.

Él proviene de un lugar donde las cosas son distintas.

Los evangelios de Mateo y Lucas nos hablan de un comienzo: *"este es el relato de cómo nació Jesús el Mesías"*[2] pero este comienzo es humano, es geográfico y tiene que ver con su nacimiento aquí en la tierra.

Juan en cambio, no nos habla del comienzo sino del origen de Jesús, se remonta a un lugar que trasciende el tiempo y el espacio. *"En el principio era el verbo y el verbo era con Dios y el verbo era Dios"*.[3]

Jesús mantiene su profundidad espiritual en medio de la fiesta, hablando con mujeres, con publicanos

A diferencia de las palabras de Mateo y Lucas, las palabras de Juan elevan el pensamiento a una dimensión distinta, a una dimensión desconocida.

Las palabras de Juan denotan un estilo que requiere un poco más de entendimiento y profundidad. Nos llevan al tiempo antes del tiempo. *"En el principio era el logos"*.

Este es su *"origen"*.

Juan utiliza la palabra *verbo; logos* en griego, para referirse a Jesús.

En ese tiempo, el *helenismo* o la filosofía griega, dominaba el mundo. Los pensadores estaban muy familiarizados con esta idea del *logos* que el evangelista utiliza cuando cuenta la historia del Hijo de Dios.

Los griegos creían que en el universo había cierto orden, cierto plan. Intuían que había una razón divina detrás del cosmos.

Esa razón divina, decían ellos, ordena y le da forma a todo lo que existe. A esa fuerza le llamaban *logos*, pero el conocimiento que tenían de este era inconcluso, solo había *destellos* de esa idea.

Juan toma esta misma palabra para construir su argumento: *"Jesús es el verbo"*; y agrega: *"Y el verbo (logos) se hizo carne y habitó entre nosotros lleno de gracia y de verdad, y vimos su gloria, gloria como del unigénito del Padre".* [4]

Entonces ese orden, ese plan en el universo, esa razón que ordena y da forma a todas las cosas, es Jesús; y lo ha sido desde el principio.

Esta es su raíz más profunda, su origen, y allí se encuentra la razón de su carácter.

Cuando los judíos se niegan a creer que Jesús es Dios y se enorgullecen de ser hijos de Abraham, y le dicen: *"a Abraham tenemos como padre, ¿Quién eres tú?".* Él responde: *"Antes de que Abraham fuese, YO SOY".* [5]

Pablo escribió de la preexistencia de Cristo cuando dijo*: "Porque por medio de Él fueron creadas todas las cosas en el cielo y en la tierra, visibles e invisibles, sean tronos, poderes, principados o autoridades: todo ha sido creado por medio de Él y para Él. Él es anterior a todas las cosas, que por medio de Él forman un todo coherente".* [6]

Comunidad de tres.

Pero ese *logos* es también una persona, que habita con otras personas. *"El verbo era (estaba) con Dios".*

Esta es su raíz más profunda, su origen, y allí se encuentra la razón de su carácter.

Recalco porque es importante tener siempre presente este principio.

La Biblia habla de un solo Dios, pero varios pasajes de las

4 Fusión

Escrituras nos dan referencia de un Dios manifestado en tres diferentes personas, el Padre, el Hijo y el Espíritu.

Aunque la palabra *Trinidad* no está presente como tal en la Biblia, los teólogos la acuñaron en el Siglo III para referirse a este misterio.

El misterio de tres en uno.

Los primeros padres de la iglesia compararon a la *Trinidad* con una danza.

La palabra que utilizaban era *pericóresis*. Este era también el nombre de un baile en el que un participante gira en torno al otro, entrelazados mutuamente como si fueran uno solo.

Todos hemos visto esas danzas griegas en las que hay música, alegría, sincronización.

Los mismos movimientos, coordinación, deferencia y felicidad, llevan a sus participantes al momento en que todos se convierten en uno.

Los padres de la iglesia primitiva vieron esa danza y dijeron: así es la *Trinidad*.

C. S. Lewis, uno de los teólogos y apologetas más importantes en la historia del cristianismo dijo: *"Dios no es algo estático, sino una dinámica y palpitante actividad. Es vida, es como un drama. Si me permiten ser irreverente, es casi un tipo de danza...El patrón de esta vida en tres personas es una gran fuente de energía y belleza brotando en el mero centro de la realidad"*[7]

Fuente de energía y belleza.

La *Trinidad* es una danza en la que hay deferencia y reconocimiento mutuo, una fluidez perfecta de actividad en la que nadie está en competencia con nadie. Es una relación de amor, honor, armonía y admiración.

Esta dinámica se ve claramente ilustrada en el bautismo de Jesús.

Cuando Jesús, la segunda persona de la Trinidad, sale de las aguas, el Espíritu de Dios desciende sobre Él en forma de paloma.

Qué imagen tan bella, como una tierna paloma, que habla de paz, quietud, así actúa el Espíritu Santo sobre el Hijo.

Jesús está a punto de iniciar su ministerio terrenal, una misión que lo llevaría a la cruz, y como hombre experimentaba el temor. Es allí que el Espíritu Santo viene sobre Él, el *espíritu de poder y dominio propio*.

También se oye una voz del Padre diciendo: *"Este es mi Hijo amado en quien tengo complacencia"*.[8]

Amor, armonía, deleite, reconocimiento.

A través de su ministerio, Jesús nos muestra la relación de amor que tenía con el Padre y su relación con el Espíritu Santo.

Inmediatamente después de ser bautizado, el Espíritu Santo lo lleva al desierto, donde ayunó cuarenta días y cuarenta noches y fue tentado por el diablo.

Su relación íntima con el Padre es innegable.

"Yo y el Padre uno somos"[9], decía.

"Solo hago lo que veo que hace Dios mi Padre"[10]

"Las palabras que les hablo son las palabras de mi Padre".[11]

Podemos notar esta armonía de una manera aún más profunda cuando nos acercamos a Jesús en el momento de orar y los escuchamos dirigiéndose al Padre como "Abba"; la forma diminutiva de papá en arameo.

Papito o *papi*.

Jesús insiste en que nosotros conozcamos a su Padre y nos relacionemos con Él.

"Vuestro Padre sabe de qué cosas tenéis necesidad, antes que vosotros le pidáis".[12]

"Fíjense en las aves del cielo [...] el Padre celestial las alimenta. ¿No valen ustedes mucho más que ellas?"[13]

4 Fusión

"Pidan y se les dará".[14]

Aparte de querer que nos relacionemos con el Padre, también nos dice: *"...sean hijos de su Padre que está en el cielo. Él hace que salga el sol sobre malos y buenos, y que llueva sobre justos e injustos"*[15]

No hacer acepción de personas es alejarnos de la rivalidad, la competencia.

Jesús empuja una y otra vez esta idea de Dios como Padre. Sus palabras, sus parábolas se encuentran impregnadas de esta imagen de un Dios de amor y compasión, uno que quiere salvar y no condenar.

Comunidad Divina.
¿Por qué insiste tanto?
Él vino a ser parte de la comunidad humana para invitarnos a ser parte de la comunidad divina.

Él vino a ser parte de la comunidad humana para invitarnos a ser parte de la comunidad divina.

A esa danza armónica de amor, honra y deferencia.

Pero la vida en este planeta es todo, menos una danza. Las guerras, los pleitos y las desigualdades sociales muestran lo lejos que estamos del modelo divino y la religión no es la excepción. El tribalismo doctrinal es cada día más preocupante.

¿Qué tal si convirtiéramos nuestras relaciones en una danza?
¿Qué tal si decidiéramos dar honor a los demás?
¿Qué tal si diéramos la deferencia debida a otros?

Tal vez no todos sepan danzar, pero podemos enseñarles, o quizás, puedan enseñarnos a nosotros.

¿Qué tal si entráramos en una danza de armonía, de amor, de servicio con los demás?

Como ya vimos anteriormente, la relación de la *Trinidad* es el modelo a seguir en las relaciones humanas.

¿Cómo puede ser esto posible?

El pecado ha corrompido nuestra danza, y no sabemos entrar en esta coreografía.

Lo bello del mensaje del Evangelio es que Jesús nos quiere llevar a una relación especial con la *Trinidad* para poder entrar a esta danza con los demás.

En la oración de Juan 17, el Hijo dice: *"Los has amado a ellos tal como me has amado a mí"*.[16]

Este amor es algo incomprensible para nosotros y nos cuesta mucho asimilarlo.

Podemos entender que Dios ama a Jesús y se deleita en Él porque es su hijo, y además es puro y sin mancha; pero, ¿Cómo me puede amar a mí?

La razón por la que no alcanzamos a entender este amor es porque nuestra dimensión es humana, el nuestro es condicional, un amor con base en el ego, meritorio.

La *Trinidad* no es así, en su círculo hay un amor perfecto que los lleva a tener una armonía completa.

Como hijos pródigos hemos regresado a casa y nuestro Padre nos ha recibido.

Nos ha dado la bienvenida a la familia de la fe, y al hacerlo, celebra una fiesta en la que hay alegría y danza.

Fácilmente aceptamos esa celebración para nosotros, pero lamentablemente no para los demás.

Cuando el hermano mayor regresó del campo, se dio cuenta que en la casa había música y danza, pero cuando se percató que era en honor a su hermano, se negó rotundamente a entrar a la fiesta, a danzar.

El Padre entonces tiene que salir a hablar con él e invitarlo a la danza.

Lo mismo sigue sucediendo, el Anfitrión nos sigue invitando a la fiesta, pero nos rehusamos a entrar.

Y lo hacemos porque el festejado piensa diferente a nosotros, se distancia de nuestra doctrina.

Como creyentes, continuamos con esa lucha de voluntades, de competencia, de rechazo y rivalidad.

No hemos entendido que se trata de una danza.

Hemos cambiado la danza por una guerra.

No sé tú, pero...

Yo no quiero competir, no quiero pelear.

Yo quiero danzar, quiero amar y vivir en armonía.

Vástago Epicentro.

El año pasado en nuestra ciudad decidimos hacer algo que raramente se ve; dos iglesias de la misma localidad nos fusionamos, nos unimos.

Hemos errado y nos hemos ido del lado de la autoridad en vez del lado del amor.

Dos pastores decidimos que ambos haríamos el trabajo de dirigir juntos.

Muchos tenían preguntas acerca de cómo iba a ser posible esto. *¿Quién será el pastor principal? ¿Quién llevará la máxima autoridad? ¿Quién tomará las decisiones?*

Estos interrogantes son entendibles porque estamos acostumbrados a un tipo de liderazgo basado en la autoridad *episcopal*, pero eso no presentó un problema para nosotros.

Decidimos practicar un ministerio basado más en una danza que en la subordinación.

Como pastores tratamos diariamente de entrar en esa danza armónica de honra y deferencia.

Reconocemos que las cosas no serán perfectas porque aún vivimos en este mundo, pero intentaremos cada día participar en este baile.

Los miembros de la *Trinidad* no necesitan mostrar autoridad o majestad entre ellos, porque hay una deferencia, del uno a los otros, un honor del uno a los otros, una armonía del uno a los otros.

Hemos errado y nos hemos ido del lado de la autoridad en vez del lado del amor.

Hemos sido creados a *su imagen*, la cual en esencia se trata de relaciones de amor, y se trata de duplicar entre nosotros la conexión que hay en la *Trinidad*.

Referencias:
Fusión
1. Mateo 26:38. Versión RVR, 1995. Digital
2. Mateo 1:18. Versión NTV. Digital
3. Juan 1:1. Versión RVR, 1960. Digital
4. Juan 1:14. Versión RVR, 1995. Digital
5. Juan 8:58 Versión RVR, 1995. Digital
6. Colosenses 1:16-17. Versión NVI. Digital
7. Lewis, Clive Staples. *Mere Christianity*. San Francisco: Harper Collins, 2001. Pág. 151
8. Mateo 3:17. Versión RVR, 1960.
9. Juan 10:30. Versión RVR, 1960.
10. Juan 5:19 (paráfrasis del autor)
11. Juan 12:49 (paráfrasis del autor)
12. Mateo 6:8. Versión RVR, 1969. Digital
13. Mateo 6:26. Versión NVI. Digital
14. Mateo 7:7. Versión NVI. Digital
15. Mateo 5:45. Versión NVI. Digital
16. Juan 17:23. Versión NVI. Digital

5
Ella

Adornando Tumbas

Como buscador de tesoros la busco.

Quisiera encontrarla y conocerla en su estado prístino, auténtico, no adulterado.

En ocasiones cuando creo haberla encontrado, me doy cuenta que no era ella, era una impostora.

Es fácil confundirla, es fácil imitarla y fingir ser ella.

Su esbozo ha sido delineado por *expertos* que en algún momento tuvieron un destello de su figura, pero después de un tiempo, esa imagen que han proyectado se ve gastada, abandonada, en desuso.

Muchos dicen conocerla e intimar con ella...

Coleccionistas de historias han hecho una amalgama de varios retratos hablados que terminan convirtiéndola en una caricatura.

No es una leyenda, es real.

Casi al final del libro de Apocalipsis, Juan habla de ella en la visión que tuvo acerca del fin de los tiempos y dice que un ángel lo llevó a verla: *"Y vino a mí uno de los siete ángeles (...) y habló conmigo, diciendo: Ven acá, yo te mostraré la desposada, la esposa del Cordero".*[1]

¿Quién es ella? ¿Dónde está? ¿Cómo se ve? ¿Quiénes la componen? Todos estos interrogantes acerca de la iglesia parecen ser fáciles de responder, pero no estoy tan seguro.

A veces me pregunto si lo que llamamos *iglesia* realmente lo es.

En algunos casos resulta muy obvio que a lo que nos referimos como iglesia, es solo un remedo de ella.

Otros aseguran tener su franquicia y ser la única puerta de ingreso.

La realidad es que nadie puede ser su dueño, solo aquel que la redimió, el que la encontró a la orilla del camino y la rescató.

Así que cuando dicen, ¡aquí está! No estés tan seguro.

Ella se encuentra en las mega iglesias, pero no es la mega iglesia, está en las pequeñas, pero no es la iglesia pequeña. Está en la católica, la protestante, la ortodoxa, pero no es ninguna de ellas.

Nadie tiene de manera exclusiva su nombre, aunque nos peleamos asegurando que somos la iglesia verdadera.

El medio oriente.

Un amigo mío que lleva literatura bíblica a países del Medio Oriente comentaba acerca de una ocasión en la que buscaba un lugar dónde entregar un cargamento de Biblias.

Después de haber llegado a una ciudad y caminar un poco, logró ver en una esquina una pequeña cruz incrustada en un muro, inmediatamente se acercó a buscar el lugar para entregar las Biblias.

Cuando estaba contando la historia dijo: *En el Medio Oriente, si ves una cruz, esa es la iglesia cristiana, no importa si es católica, ortodoxa o evangélica, todos somos cristianos. Las diferencias que nos dividen acá en el occidente, allá no se conocen.*

Me dio mucho gusto escuchar ese comentario y me hizo pensar en los pleitos que tenemos en Latinoamérica. Hay un pleito absurdo entre católicos y protestantes, un pleito que la mayoría de los países desarrollados ya superaron, pero que en nuestras tierras continúa.

En algunos casos resulta muy obvio que a lo que nos referimos como iglesia, es solo un remedo de ella.

¿Cómo puede ser posible que la iglesia que más se parece a nosotros en doctrina, se haya convertido en nuestro peor enemigo?

En los últimos años, varios cristianos han sido martirizados en el Medio Oriente y el norte de África por causa de su fe.

Frecuentemente lees a evangélicos en las redes sociales comentar acerca de la admiración por estos creyentes que no negaron su fe. Pero la realidad es que si tuvieras oportunidad de conocer el tipo de cristianismo que estos mártires practicaban, te darías cuenta que es muy diferente al que practican la mayoría de los cristianos evangélicos latinoamericanos.

La mayoría de ellos pertenecían a la iglesia ortodoxa copta.

Una organización con mucha más semejanza a la católica que a la evangélica, pero sigue siendo ella.

Tal vez los admiramos de lejos, pero de cerca serían nuestros *enemigos*.

¿Dónde está la iglesia? ¿Cómo se ve? ¿Quiénes la componen?

Ella proviene del corazón de Dios.
En el corazón de la *Trinidad* siempre ha estado la iglesia.

Antes de que existiera nada, ya existía el modelo para la iglesia. Estoy refiriéndome al misterio de tres, a ese misterio llamado *Trinidad*, el vínculo de la relación perfecta.

Esta era la comunidad que Jesús tenía con el Padre y con el Espíritu Santo antes de que nada existiera en el mundo.

El Hijo vino a compartir esa relación con nosotros.

Orando al Padre, Jesús le dice: *"Yo les he dado tu gloria que me diste para que sean uno, así como Tú y yo somos uno"*,[2] luego agrega, *"Padre, quiero que los que me has dado estén conmigo donde yo estoy. Que vean mi gloria, la gloria que me has dado porque me amaste desde antes de la creación del mundo".*[3]

Cuando hablamos de la *gloria de Dios,* nos referimos a ella como brillo, majestad, poder y autoridad; y es cierto, pero, ¿De qué manera nos ayuda esa definición para llegar a ser uno? La majestad, el poder y la autoridad, en vez de acercarnos, nos ha alejado.

Las palabras de Jesús en esta oración me llevan a ver la gloria de Dios más como su amor.

Es el amor el que nos une, el que nos vuelve comunidad.

Es interesante notar que las palabras de Jesús al hablar con el Padre son similares a las del Génesis en relación a la pareja: *"Serán una sola carne".*

Como ya vimos en el capítulo anterior, la *Trinidad* es como una danza, una danza entre tres personas que se aman, se honran, y se dan deferencia.

Reflexiones del predicador.
Uno es soledad y egoísmo.

5 Ella

El predicador de Eclesiastés lo dice así: *"Algo absurdo bajo el sol, es el caso del hombre que está totalmente solo"*. Si uno es soledad y egoísmo, ¿Qué de dos?

Dos es rivalidad, competencia y complicidad.

De nuevo Salomón dice: *"Es mejor ser dos que uno porque ambos pueden ayudarse mutuamente a lograr el éxito"*. Pero dos no es el número ideal.

Tres es comunidad.

Así remata Eclesiastés su discurso acerca de comunidad: *"Mejor todavía si son tres, porque una cuerda triple no se corta fácilmente"*.[4]

Por eso la insistencia para que las parejas hagan a Dios el tercer hilo de su cordel matrimonial. No es casualidad que el 50% de los matrimonios terminen en divorcio, es una comunidad incompleta, hace falta el tercer nudo.

Al fundar su iglesia, Jesús tenía este modelo en mente, y por eso insiste en que esta es como una familia.

Cuando le dijeron que su madre y sus hermanos estaban afuera de la casa buscándolo, su respuesta fue: *"¿Quién es mi madre y quiénes son mis hermanos?, y extendiendo su mano hacia sus discípulos, dijo: He aquí mi madre y mis hermanos"*.[5]

Esta familia está unida no por sangre, ni por estatus social o por raza, sino por haber rendido su ego y enfocarse a hacer la voluntad del Padre.

Hablando de lo que sucede con aquellos que reciben a Jesús, Juan dijo: *"A los que le recibieron [...] les dio potestad de ser hechos hijos de Dios"*.[6] Esto nos lleva a ser parte de la familia de Dios y participar de esa danza.

La danza armónica de la *Trinidad* se trata de rendir el *yo* pensando en el beneficio de los demás.

Muchas de las palabras de Jesús son entendidas cuando se ven en el contexto de comunidad.

Perdona y serás perdonado. Bienaventurados los misericordiosos porque ellos alcanzarán misericordia.

Cuando Él dijo: *Si no perdonan las ofensas de los demás, vuestro*

Padre tampoco los perdonará, no nos estaba hablando de un castigo, nos estaba enseñando a vivir en comunidad.

Las palabras de Pablo acerca de la iglesia como el *cuerpo de Cristo* arrojan mucha luz acerca de la comunidad.

Es por eso que la muerte espiritual está en la desconexión con otros.

Soy parte de un cuerpo y no puedo funcionar como miembro independiente.

Al final del día todo pecado tiene que ver con relaciones.

La iglesia esencial.

Si despojáramos a la iglesia de todo y la dejáramos solo con lo esencial, ¿Con qué nos quedamos? ¿Cuáles son esas marcas distintivas que la hacen la iglesia, la iglesia esencial?

Este ejercicio nos llevará a acercarnos a su definición más acertada, entender su propósito, y descubrir dónde están quienes la componen.

Los defensores de la doctrina dirían que lo que hace a la iglesia es justamente esa doctrina; sin embargo, curiosamente para los primeros creyentes, su fe consistía en seguir a Jesús, y no fue hasta varios siglos después, que la fe se convirtió en doctrina. *"Desde el principio, el cristianismo no era primordialmente una doctrina, pero exactamente una comunidad [...] de hecho, comunión (koinonia), era la categoría básica de la existencia cristiana".*[7]

Los primeros cristianos eran conocidos por el amor que se tenían los unos a otros, no por su doctrina. Primero es la relación, primero es la comunidad, luego lo demás.

Algunos de los puntos doctrinales que nosotros defendemos con vehemencia, duraron siglos para formularse.

El tema del diablo, por mencionar solo un ejemplo, no se exhibe con total claridad en los textos judeo-cristianos, *"Tomó siglos para que esto sucediera. El diablo cristiano, surgió lentamente como la amalgama de todos los elementos escriturales – un proceso que puede seguirse a nivel lingüístico al igual que el nivel doctrinal".*[8] Lo mismo se puede

5 Ella

afirmar sobre el tema del cielo y del infierno. Tomó siglos para que se formularan.

Otros argumentarían que la Biblia es lo que hace la iglesia. Si fuera así, ¿Cómo es que los primeros creyentes crecieron sin tener una Biblia?

Pues esta, tal como la conocemos ahora, se terminó de compilar casi 400 años después de Cristo. Y cuando esto sucedió, la Biblia no estaba al alcance de todos, solo los sacerdotes podían leerla y hacerlo en latín. Además, la mayoría de la gente no sabía leer.

Al final del día todo pecado tiene que ver con relaciones.

Con la reforma protestante, la Biblia empezó a estar disponible para todos, aunque no en la mayoría de los idiomas. Ese fue un proceso que duró siglos.

El estudiar la Biblia en grupos de discipulado, es algo relativamente nuevo.

¿Cómo han funcionado cientos de miles de creyentes en países perseguidos donde no se les permite tener una Biblia?

Podemos continuar preguntando si el edificio hace la iglesia, si es la música la que la hace, y todas las posibilidades que se nos ocurran, pero al final nos daremos cuenta que lo que realmente hace la iglesia es una comunidad de personas cuyas vidas giran alrededor de Jesús. Seguirlo e imitar su conducta es su pan de cada día.

La iglesia: Una manada pequeña.

Más y más me doy cuenta que la verdadera iglesia, como dijo el Maestro, es *"una manada pequeña"*. No en el sentido que somos pocos en el mundo, sino que esta se encuentra en comunidades pequeñas.

Volviendo a la oración de Juan 17, Jesús le dice al Padre algo que me parece muy revelador: *"Cuando yo estaba con ellos en el mundo, yo los guardaba en tu nombre (...) y ninguno se perdió sino el hijo de perdición"*.[9]

Adornando Tumbas

Es interesante notar que Jesús está rindiendo cuentas por los doce. No lo hace por los setenta o por todos los que le seguían, solo por los doce.

La realidad es que la mayoría de nosotros solo tenemos capacidad para tener un grupo limitado de amigos, verdaderos amigos. Así mismo, la iglesia se hace en un grupo de diez o veinte.

He encontrado la iglesia en un grupo de amigos que se van un fin de semana a pescar.

La he visto en un grupo de parejas que comen y ríen juntos.

También está en un restaurante donde varias amigas toman juntas el café.

Está en la mega iglesia cuando te encuentras en tu grupo pequeño de amistades. Si no es así, no estás haciendo iglesia.

Está de manera incipiente en grupos de Alcohólicos Anónimos a través de todo el mundo.

La iglesia de la que estoy hablando es más orgánica que organizacional. Tiene vida propia, es sincera, auténtica, no pretende. No trata de impresionar.

La iglesia verdadera muestra sus defectos, la falsa los maquilla.

La iglesia maquillada siempre luce bien.

Sus miembros proyectan vidas ejemplares.

Parecen ser padres excelentes, hijos obedientes y esposos modelos, pero en la intimidad se quitan el maquillaje.

La iglesia verdadera es una comunidad de gente con pies de barro. En ella se mezclan los defectos y la belleza, los milagros y las tragedias.

Una comunidad de pecadores.

Los cristianos somos pecadores como todos los demás, nuestra única diferencia está en que hemos corrido a la cruz.

Los cristianos también se divorcian, sufren de depresión y van al psicólogo, sufren ataques de ansiedad y toman ansiolíticos para controlarlos.

Nuestra teología no puede ser más fuerte que el poder de una comunidad de creyentes que viven en transparencia los unos con los otros: *"Confiesen unos a otros sus pecados"*,[10] dijo Santiago, insinuando así la cara de la verdadera iglesia.

Con el fin de respaldar sus expresiones de fe, muchos actúan como si vivieran en una *burbuja* donde todo es perfecto, pero es necesario reventarla y dejar que las verdaderas historias sean contadas.

La vida afuera de la burbuja es más amplia, más real, es el espacio en el que se movía Jesús.

Se ha dicho antes, y estoy en total acuerdo, que hay elementos de Alcohólicos Anónimos que la iglesia debería imitar: la transparencia de hombres y mujeres rotos dispuestos a ser vulnerables, dispuestos a abrirse y confiar en los demás confesando sus debilidades, y dispuestos a tomar responsabilidad por sus acciones.

"Si no te lavo los pies no tendrás parte conmigo",[11] le dijo Jesús a Pedro, y cuando nosotros escondemos nuestros pies sucios y pretendemos que todo está bien, tampoco tendremos parte con la iglesia verdadera.

Es lamentable, pero muchos jóvenes, al alcanzar la mayoría de edad, dejan las congregaciones por la incongruencia que veían en la vida de sus padres. Esta es una verdadera tragedia.

Liderazgo de burbuja.

La iglesia maquillada ha sido inconscientemente fomentada por pastores que sienten que solo así se validan como líderes.

El líder paternalista (algo muy distinto al paternal), utiliza el comportamiento de sus congregantes como una carta de presentación.

El problema es que muchos de los miembros de estas iglesias maquillan sus vidas para satisfacer a este tipo de líderes.

Como ya dijimos, a veces la *burbuja de la vida perfecta* de alguien en eminencia se revienta cuando los problemas graves llegan a su familia, es entonces cuando el pastor empieza a ver a la iglesia sin maquillaje.

¿Significa esto que debemos fomentar la imperfección? No, pero debemos permitirla.

Por supuesto que los cristianos debemos madurar, pero después de todo seguiremos siendo pecadores, seguiremos batallando con áreas de nuestras vidas que tal vez no venceremos hasta el día que veamos a Jesús cara a cara.

Entonces seremos como Él y no habrá necesidad de maquillaje.

Referencias:
Ella
1. Juan 21:9. Versión RVR, 1960. Digital
2. Juan 17:22. Versión NVI. Digital
3. Juan 17:24. Versión NVI. Digital
4. Eclesiastés 4:7-12. Versión NTV. Digital
5. Mateo 12:48-49. Versión RVR, 1960. Digital
6. Juan 1:12. Versión RVR, 1960. Digital
7. Rodney Clap. A peculiar people. Downers Grove, Illinois. Intervarsity press, 1996. Pág. 1
8. Delbanco, Andrew. *The death of Satan*. New York: Farrar, Straus and Giroux, 1995. Pág. 24
9. Juan 17:12. Versión RVR, 1995.
10. Santiago 5:16. Versión NVI. Digital
11. Juan 13:8. Versión NVI. Digital

6
Del ritual a la práctica

Adornando Tumbas

El comer juntos es más que simplemente comer.

Sin saberlo, cuando compartimos el pan con otras personas, participamos de algo que va más allá de la comida.

Sin expresarlo, entramos en un compromiso en el que nos sentimos impulsados a después devolver la invitación.

Algunas personas se ofenden cuando no son invitados a una cena a la que otros amigos fueron invitados.

El simbolismo debe cobrar vida, ejercitarse, convertirse en praxis.

La comida es un ritual.

Este ritual se compone de diferentes elementos: una invitación, una mesa, pan, vino.

Las comidas judías son las que involucran más rituales. Esta tradición decía que, si alguien comía en tu mesa, entrabas en un compromiso de amistad que se pasaba a la siguiente generación.

Por eso la traición de Judas es vista de una manera tan infame. ¿Cómo era posible que alguien que había comido con Jesús al punto de mojar el pan en su plato, terminó traicionándolo?

Era inconcebible.

De las cenas de los judíos se deriva la Eucaristía o la Cena del Señor.

En la última cena, Jesús tomó el pan y el vino, y les dio un profundo significado.

Estos dos elementos se convirtieron en una representación de Él y su entrega total por nosotros (su muerte).

La idea es que el simbolismo se lleve a la práctica, que el ritual cobre vida, y eso es exactamente lo que Jesús intentaba enseñar aquella noche a sus cercanos.

Antes de la cena, Él, siendo el Maestro, empieza a lavar los pies a sus discípulos.

Esta era una tarea que llevaban a cabo los esclavos.

Cuando los invitados llegaban, habían caminado por calles su-

6 Del ritual a la práctica

cias y polvorientas, el esclavo entonces lavaba y a la vez refrescaba los pies cansados de los visitantes.

Jesús toma el lugar de un siervo y les enseña a sus discípulos que seguirle tiene que ver con servir a los demás, pero ese era solo el principio de lo que Jesús les impartiría esa noche y que marcaría la vida de sus interlocutores inmediatos y la vida de todos los creyentes a través de los siglos.

Al terminar de lavarles los pies, les dice: *"Les he puesto el ejemplo, para que hagan lo mismo que yo he hecho con ustedes".*[1]

Hay iglesias que aún practican el ritual del lavatorio de pies, y creo que es algo bueno, pero las palabras de Jesús significaban mucho más que simplemente practicar un ritual, era el tener una actitud de servicio para los demás.

¿Entienden esto?, les preguntó, *"dichosos serán si lo ponen en práctica".*[2]

Necesitamos descubrir la dicha de servir a los demás.

El simbolismo debe cobrar vida, ejercitarse, convertirse en praxis.

Me pregunto qué tantos de los que nos consideramos seguidores del Maestro hemos descubierto la dicha a la que Él se refirió esa noche.

La cena continuó y con ella vino la parte más poderosa del simbolismo, ese simbolismo que muy pronto empezaría a cobrar vida con la muerte de Jesús.

Cuando estaban sentados a la mesa tomó el pan y dijo: *"Este pan es mi cuerpo, entregado por ustedes; hagan esto en memoria de mí".*[3]

Años después, basado en lo acontecido esa noche, Pablo instituye la Cena del Señor como un ritual para la iglesia.

Por dos mil años hemos celebrado la Eucaristía en memoria de Él, pero en la mayoría de los casos, la iglesia se ha quedado solo en el rito, no hemos entendido que estas palabras tienen un significado doble. Ritual y práctica. *Ustedes también deben entregar sus vidas por los demás, deben sacrificarse por ellos,* nos dice Jesús.

Cuando el apóstol de los gentiles escribe a los corintios acerca de esta práctica de compartir la Cena del Señor, les habla de sus prejuicios, las divisiones y menosprecios entre ellos, al punto de dejar a otros sin comer.

La iglesia en Corinto estaba haciendo exactamente lo opuesto a lo que Jesús trató de enseñarnos.

Pacto con la vida.

Después de haber compartido el pan, tomó la copa y dijo: *"Esta copa es el nuevo pacto con mi sangre que es derramada por ustedes".*[4]

Jesús estaba a punto de hacer un pacto con su sangre.

La sangre representa la vida.

Aquel que sería entregado estaba haciendo un pacto a favor de la vida, la vida que combate la muerte, la vida que sana las enfermedades y mitiga el dolor, la vida que devuelve la dignidad a los demás, la vida que intercede por los otros, por los presos, los condenados, los menos, los que lloran, los que sufren.

Ritual y práctica.

Entreguen su vida por los demás, luchen por la vida.

Muramos a nosotros para resucitar a una vida de servicio volcada hacia los demás.

La transubstanciación.

El tema de la transubstanciación ha dividido a católicos y protestantes por siglos.

Aunque no comparto el principio católico de que los elementos de la cena literalmente se convierten en el cuerpo y la sangre de Jesús, me gusta la idea detrás de la transubstanciación; llevar el ritual a la realidad, a la realidad de ser Jesús.

Jesús había pronunciado palabras que hacían alusión a esta idea de comer su carne y beber su sangre: *"El que come mi carne y bebe mi sangre tiene vida eterna".*[5]

Cuando lo dijo, sus oyentes se ofendieron. No entendieron el sutil mensaje detrás de sus palabras.

Algunas décadas después, Pablo escribe a la iglesia y referencia:

6   Del ritual a la práctica

"Porque somos miembros de su cuerpo, de su sangre y de sus huesos".[6]

Hay una realidad invisible detrás de los elementos; la transformación milagrosa a la persona de Jesús.

Los primeros discípulos vivían el ritual, vendían sus propiedades para compartir con los demás. Lo tenían todo en común, y nadie llamaba suyo propio nada de lo que poseían.[7]

En una comunidad donde se llevan a la práctica las palabras de Jesús, encontrarás las historias más bellas.

Historias de amor, de servicio y sacrificio; donde se derrama la vida por los demás, historias que llevan el ritual a la práctica.

Un regalo difícil de recibir.

Después de un par de años de casados, Alex y Cristy (una pareja de nuestra comunidad), intentaron tener un hijo, y a partir de ese momento empezó para ellos una historia de dolor y esperanza, amigos y comunidad.

Como les ha sucedido a muchas parejas con problemas de fertilidad, ellos gastaron mucho dinero en tratamientos, operaciones y fecundación *in vitro*.

El proceso parecía repetirse cada año, pero Alex y Cristy albergaban la esperanza de quedar embarazados. Este deseo era acentuado cuando veían al resto de las parejas jóvenes en nuestra comunidad teniendo varios hijos.

Dos embarazos sorpresivos que terminaron en abortos involuntarios, fueron golpes demasiado fuertes para ambos.

Después de 10 años de frustración, mientras comíamos en su casa, nos mencionaron otra opción en su lucha por tener un bebé; un vientre en alquiler.

Al platicar con ellos, se veían abiertos a esta opción, pero no estaban seguros. El vientre en alquiler es una alternativa por la que muy pocas mujeres pueden optar debido al factor económico. Algunos terminan pagando docenas de miles de dólares para tener un hijo.

Para sorpresa de Alex y Cristy, cuando el tema se corrió entre los amigos más cercanos, seis mujeres de nuestro círculo de amigos les ofrecieron su vientre para que tuvieran su bebé.

Fueron sobrecogidos emocionalmente por estas muestras de amor y amistad incondicional.

Cristy entendía que el tratamiento por el que tiene que pasar la mujer que ofrece su vientre, puede ser muy doloroso, y le costaba mucho trabajo aceptar un regalo de tal magnitud.

Sin duda que este es un regalo difícil de dar y es muy posible que sea más difícil de recibir.

Después de orar y platicar al respecto por unos meses, Alex y Cristy decidieron aceptar el regalo.

Entre las seis mujeres que ofrecieron el vientre, estaba Dámaris, esposa de Daniel Fraire, nuestro guitarrista y líder de jóvenes, y optaron por ella.

Dámaris, empezó un tratamiento en el que le ponían tres inyecciones diarias por tres meses.

Estos medicamentos la llevaron a experimentar una "menopausia temporal", el proceso fue difícil.

Después de los tres meses, cuando las condiciones eran apropiadas, se implantó el óvulo.

Alex y Cristy, estando acostumbrados a tantas desilusiones, decidieron tener esperanza, pero con cautela.

Dos semanas después, la noticia fue devastadora; el implante no funcionó.

Los días posteriores a esa noticia fueron difíciles para Alex y Cristy, un golpe más, otra desilusión, pero ahora la situación era diferente, no estaban solos en su dolor.

Daniel y Dámaris empezaron a pasar por un periodo muy oscuro en sus vidas. Se veían tristes y lloraban con frecuencia. Cuando mi esposa y yo les preguntamos qué era lo que estaban experimentando, su respuesta fue que por fin pudieron vivir la tristeza de sus amigos, y que ahora comprendían el significado de llorar con los que lloran.

Alex y Cristy continúan sin poder tener hijos, pero su dolor es

6 Del ritual a la práctica

el dolor de Daniel y Dámaris, es nuestro dolor, es el dolor de todos sus amigos.

Hay un vínculo en estas dos parejas que nadie podrá romper, están unidas en el dolor.

Como Daniel y Dámaris son músicos, le escribieron una bella canción a Cristy. Esta es la letra:

Miles de flores

Agárrate más fuerte de mi mano
aunque el cielo sobre ti siga nublado
Sé que esta tempestad se ha prolongado
y tus fuerzas y tu fe se han agotado

No estás sola, aquí sigo junto a ti
No estás sola, aquí sigues junto a mí

Quizá…quizá…la lluvia de esta tormenta
regará el jardín de tu corazón
Y nacerán miles de flores
Quizá…quizá…la lluvia de esta tormenta
regará el jardín de tu corazón
Y crecerán miles de flores

Agárrate más fuerte de mi mano
no me sueltes, aquí estoy siempre a tu lado
Una estrella de esperanza está brillando
su destello sobre tu alma está dejando

No estás sola, aquí sigo junto a ti
No estás sola, aquí sigues junto a mí

La canción la puedes escuchar al final de una entrevista que le hicimos a Alex y Cristy junto a Daniel y Dámaris.
Este es el enlace:
http://www.vastagoepicentro.com/que-es-la-iglesia

El poder trasformador del dolor.
Una comunidad se construye con amor, pero se afirma a través del sacrificio por los demás y a través del dolor.
"Los doce (apóstoles) eran en su totalidad, hombres comunes y corrientes hasta el día de la muerte de Jesús, y entonces una extraordinaria transformación en sus vidas los capacita para proclamar el Evangelio a todo el mundo".[8]

Damos vida a medida que *morimos* o experimentamos dolor. Somos consolados para consolar.
"Ya sea que tratemos de entrar a un mundo dislocado, nos conectemos con una generación convulsiva o hablemos con una persona que está al borde de la muerte, nuestro servicio no será percibido como auténtico a menos que provenga de un corazón herido por el sufrimiento del cual estamos hablando".[9]
Jesús nos ministra desde sus heridas en la cruz y nosotros debemos hacer lo mismo.
La adoración más profunda y honesta siempre será la que proviene del dolor.
Las hojas más bellas son las del otoño, cuando están muriendo.
"Eres diferente al resto. Tu corazón es puro. ¡Regocíjate! Los quebrantados son los más desarrollados".[10]
Aquellos que conocemos a Jesús encontramos una trágica belleza en la cruz.
Esa es la belleza de una comunidad.
Ese es el corazón de la iglesia, el corazón de la verdadera comunidad.
Se trata de compartir las alegrías y el dolor de los demás. *"Y si alguien pregunta: "¿Por qué tienes esas heridas en tus manos?".*

6 Del ritual a la práctica

Él responderá: Son las heridas que me hicieron en casa de mis amigos.[11]

En la verdadera comunidad, siempre seremos heridos dijo mi amigo Junior Zapata haciendo referencia al versículo anterior.

Muchos huyen de una comunidad cuando llega el dolor.

Esta huida es el resultado de una teología torcida que nos dice que la vida debe de ser perfecta, una teología que nos deshumaniza.

No nos dimos cuenta que ese dolor era lo que nos iba a dar vida.

Aceptamos las llagas y el dolor de Jesús como una fuente de sanidad, pero cuando ese dolor llega a nuestra comunidad, lo rechazamos.

Nos olvidamos que el dolor y la muerte producen vida.

"El sol está constantemente muriendo, mientras a la vez da vida a nuestro sistema solar y a cada cosa y partícula que vive en nuestro planeta".[12]

Esta huida es el resultado de una teología torcida que nos dice que la vida debe de ser perfecta, una teología que nos deshumaniza.

En un retiro, conversando con Junior Zapata y Willy Gómez acerca del tema de comunidad, hablábamos del nuevo mandamiento que Jesús les dio a sus discípulos: *"Así que ahora les doy un nuevo mandamiento: Ámense unos a los otros tal como yo los he amado".*[13]

Al principio no parece ser un nuevo mandamiento, ya Jesús nos había dicho que amáramos a nuestro prójimo como a nosotros mismos, ya nos instó a que amáramos hasta a nuestros enemigos; así que este mandamiento no parece ser nuevo, excepto por la diferencia que marca al agregar: *"como yo los he amado"*.

En este pasaje, Jesús está hablando directamente a sus doce; es en el contexto de *uno de ustedes me va a entregar*.

Este es un discurso para amigos cercanos, para hermanos, *ámense como yo los he amado*, y ¿Cómo es ese amor? *"No hay un amor más grande que el dar la vida por los amigos",*[14] dijo Jesús.

La pregunta que nos hacíamos en ese retiro, era si este es un amor que debemos tener por todos o solo por nuestra comunidad.

Adornando Tumbas

Es obvio que el mandamiento de amar al prójimo como a nosotros mismos, incluye a todos, pero no estábamos seguros que el *amar como Jesús nos amó* es un amor que podemos tener por todos.

Nos preguntábamos si Dámaris, la esposa de Daniel Fraire, debería actuar con cualquier otra mujer que no puede tener hijos como actuó con Cristy, y la respuesta era obvia, no es posible.

Los primeros creyentes eran conocidos por el amor que se tenían los unos a los otros. Esto no significa que no amaban al mundo, pero creo que era otro tipo de amor.

Fe comunitaria.
El Nuevo Testamento insiste en que la fe se vive en comunidad.
La espiritualidad individual es una contradicción.
Nunca entenderemos la fe solos.
Vemos el cuadro total a través de la comunidad.
Hay una historia que tiene su origen en la India:
Tres ciegos tocan un elefante para describirlo. Uno toca la oreja, otro toca la trompa y otro, una de las patas. Después comparten sus observaciones y están en total desacuerdo al tratar de describir lo que tocaron.

Así se practica y se define la fe actual, nos hemos olvidado que necesitamos a los demás para ver el cuadro total.

Como ciegos nos aferramos a nuestra limitada verdad, cuando solo es necesario que la unamos a la de los demás para comprenderla mejor.

Pero en la iglesia moderna nos hemos alejado del espíritu de comunidad, acercándonos a los dogmas.
Los dogmas son abstractos, el amor es real.
Tenemos que llevar el ritual a la práctica y desarrollar esa comunidad poco común, aquella que vive de acuerdo al mensaje de Jesús.
No nos podemos presentar delante de Dios sin los demás. La pregunta que se le hizo a Caín *¿Dónde está tu hermano?* sigue haciendo eco a través de las edades.

Referencias:
Del ritual a la práctica
1. Juan 13:15 Versión NVI. Digital
2. Juan 13:17 Versión NVI. Digital
3. Lucas 22:19 Versión NVI. Digital
4. Lucas 22:20 Versión NVI. Digital
5. Juan 6:54 Versión NVI. Digital
6. Efesios 5:30 Versión RVR, 1960. Digital
7. Hechos 2:44-45 (paráfrasis del autor)
8. Spotto, Donald. *The Hidden Jesus Saint*. New York: Martin's Press, 1998. Pág. 90
9. Nouwen, Henri J. *The Wounded Healer*. New York: Image doubleday, 1972. Pág. 4
10. *Fragmentado (Split)*. M. Night Shyamalan. Universal pictures, 2016. Lo que dice la bestia a la chica con heridas en su torso.
11. Zacarías 13:6 Versión NVI Digital
12. Rohr, Richard. *The divine Dance*. New Kensington PA: Whitaker House, 2016. Pág. 170
13. Juan 13:34 Versión NTV. Digital
14. Juan 15:13 Versión NTV. Digital

7 Festival de nuevas lenguas

7 Festival de nuevas lenguas

Las palabras son bellas.

A través de ellas expresamos intenciones y comunicamos emociones profundas.

Los poetas son expertos en agruparlas y comunicar en versos los sentimientos que todos llevamos dentro.

Los libros combinan docenas de miles de palabras que comunican una historia, un cuento, un concepto.

Bajo la pluma de un escritor hábil, las palabras cobran vida, y cuando las leemos parecen saltar desde las páginas de los libros.

Las palabras enamoran.

En México hay una expresión que habla sobre el poder de las palabras en el momento de enamorar: *"Verbo mata carita"*, se dice para señalar cómo un chico mal parecido, pero con habilidad para comunicar sentimientos, será más efectivo que uno guapo.

"La pluma es más poderosa que la espada", dijo el autor inglés Edward Bulwer-Lytton, refiriéndose a cómo un escrito es más fuerte que la espada misma para vencer a los adversarios.

El recurso literario siempre será la mejor vía para acabar con la mayoría de las guerras, porque estas, en gran parte, surgen de la ignorancia.

Habiendo dicho todo lo anterior, es importante entender que las palabras son solo metáforas, surgieron por la necesidad de querer explicar algo físico o emocional, pero cuando la metáfora deja de ser útil se cambia por otra.

La iglesia no parece entender que las palabras son metáforas, a veces se toman algunas de ellas y se les dan atribuciones casi divinas.

Para muchos, el usar ciertas palabras en el momento de hablar, demuestra su nivel de piedad, por eso con frecuencia escuchamos a personas predicar o hablar con un lenguaje que normalmente no usarían; lenguaje que en muchos casos
requiere de-codificación.

Lenguaje, experiencia y cultura.
Es común experimentar la frustración de no ser entendidos por alguien que no habla nuestro idioma, pero a veces se experimenta la misma frustración con personas que, aunque lo hacen, les dan un significado distinto a las palabras.

Cuando se trata de comunicar el Evangelio, debemos preguntarnos si nuestros interlocutores le adjudican el mismo significado a las palabras que estamos utilizando.

Las palabras están cargadas de cultura y significado.

Hay expresiones idiomáticas que solo pueden ser entendidas en el contexto que se escribieron.

México, como otros países de habla hispana, es un país de dichos, pero a veces se requiere de un diccionario de expresiones idiomáticas, para entenderlo.

Lo mismo me sucede cuando trato de entender a mis amigos de la infancia, preciso de un diccionario de albures.[1]

Para un judío que sobrevivió los campos de concentración de la segunda guerra mundial, las palabras *sed* y *hambre*, *campamento* y *vagón*, tienen una connotación siniestra.

Teniendo en cuenta lo anterior, es importante precisar que vivimos en un tiempo donde las palabras que tradicionalmente usábamos para comunicar no tienen la misma efectividad que antes, es más, creo que algunas se han convertido en un obstáculo para la comunicación.

A veces las palabras que algunos cristianos utilizan necesitan el *don de interpretación*.

Hay palabras que fueron secuestradas por sectores extremistas de la iglesia y las pervirtieron, algunas que en su momento eran bellas, pero ya no comunican el sentido original.

Por ejemplo, después de las últimas elecciones para presidente en Estados Unidos, algunos cristianos norteamericanos se preguntan si será necesario dejar de llamarse evangélicos y cambiar de nombre.

Festival de nuevas lenguas

Desde su perspectiva, el nombre *evangélico* se pervirtió al ser secuestrado por el cristiano americano anglosajón. Un sector ampliamente capitalista, con una marcada tendencia al aislacionismo y con una agenda política muy fuerte.

Algunos cristianos estadounidenses sienten que esa palabra ya no los describe a ellos.

La palabra *Evangelio* significa *buenas nuevas*, pero para muchos, el mensaje de este sector evangélico que eligió al nuevo presidente, no son buenas nuevas.

Babel Evangélico.

Hay palabras que necesitan ser eliminadas o rehabilitadas para volverse a usar.

En un sentido, estamos viviendo un *babel* evangélico, nuestras lenguas se han confundido.

El diccionario de la Lengua Española, constantemente está eliminando palabras que entraron en desuso, e incluyendo nuevas.

Cuando se trata de comunicar el Evangelio, debemos preguntarnos si nuestros interlocutores le adjudican el mismo significado a las palabras que estamos utilizando.

Lo mismo sucede con la Biblia. La versión Reina Valera, por ejemplo, fue publicada en el año 1602. Desde entonces ha tenido varias revisiones, 1862, 1909, 1950, 1960, 1977, 1995... Se le han hecho más de 100,000 cambios de ortografía, y más de 60,000 cambios de vocabulario.

Siguiendo con el mismo tipo de ejemplos, la Reina Valera antigua utilizaba la palabra *caridad* para referirse al amor, pero en versiones posteriores se cambió a amor, ya que la palabra *caridad*, llegó a significar, *dar una limosna*.

Las palabras que contiene la Biblia no son sagradas, el mensaje que comunican sí.

Los discípulos tenían el mandato de Jesús de ir al mundo y predicar (con palabras) el Evangelio, pero su instrucción fue que se esperaran, que no hicieran nada, *"quédense en la ciudad hasta que sean revestidos del poder de lo alto".*²

Los discípulos obedecen y por un tiempo se recluyen y guardan silencio.

El pentecostés tomaba lugar 50 días después de la pascua, lo que significa que ese fue aproximadamente el tiempo en que ellos esperaron calladamente, aunque tenían muchas cosas que decir.
Cuando el Espíritu Santo desciende sobre ellos, lenguas de fuego aparecieron sobre sus cabezas. Todos empezaron a hablar en nuevas lenguas (palabras distintas a las que normalmente usaban), pero en realidad eran otros idiomas, palabras conocidas por visitantes de diferentes naciones que habían llegado para celebrar la fiesta del pentecostés.
Las lenguas que hablaron no eran angelicales, no requerían interpretación, la gente las entendía perfectamente, al grado que ese día tres mil de los que escucharon se unieron a la fe de los apóstoles.
No hubo evangelismo o predicación hasta el día que fueron *bautizados* de nuevo con un lenguaje que todos entendían.

Guardar silencio.
Tal vez también nosotros necesitamos recluirnos, guardar silencio y esperar.
Quizá llegará el momento en el que *lenguas de fuego* aparezcan sobre nuestras cabezas.

¿Esperar?
¿Guardar silencio?
¿No hablar?
Esto es algo muy difícil de hacer para el cristiano moderno.
Algunos lo considerarían casi un pecado.
El *celo por el evangelismo* los lleva a nunca callar.
Pero no debemos preocuparnos, Jesús dijo que si nosotros

Festival de nuevas lenguas

callamos, *las piedras hablarían*.
Creo que en algunos casos esa sería la mejor opción.
Necesitamos guardar silencio, pero nuestra cultura occidental lo ha acribillado.

A veces veo programas de televisión que me enferman, no dan espacio para pensar, para reflexionar, para responder, para reaccionar.

La trivialidad y la algarabía son reyes en el entretenimiento moderno y la iglesia no es la excepción.

En la televisión no se puede perder ni un minuto, hay que aprovecharlo todo.

No se dejan espacios para el silencio, pues estos son considerados un desperdicio, un espacio muerto...

Yo diría que esos son los momentos que producen vida.

En una ocasión durante un concierto, tuve que interrumpir el programa para hablar con aquellos que querían llenar cualquier espacio que yo dejaba entre canciones con gritos de *¿Quién vive?*, *¿Y a su nombre?*; les expliqué que había personas reflexionando después de haber escuchado una canción o alguna frase, y que al estar gritando interrumpían ese momento que estaba produciendo vida en las personas.

Muchos entendieron y aplaudieron, otros se quejaron en las redes sociales acerca de mi falta de espiritualidad.

El cristianismo se ha adaptado a esta cultura de no dejar de hablar, el cristiano promedio es conocido por meter un versículo bíblico en cualquier espacio de la conversación, textos que no significan nada para nuestros interlocutores.

Hay una sobredosis de consejos bíblicos en las redes sociales y en las conversaciones de la mayoría de los cristianos. Digo sobredosis, porque ese mensaje, aunque usted no lo crea, también hace daño, mata.

Casi todo lo bueno hace daño cuando se usa mal.

Los griegos utilizaban la misma palabra para referirse al veneno y a la medicina, *"farmacón"*, y así es el mensaje del Evangelio, puede ser veneno o medicina, incluso en algunos casos, vacuna en contra de ese mismo mensaje.

Jesús comparó sus palabras con la medicina, dijo que había venido a los enfermos, a los que tenían necesidad de médico, de medicina; pero esa medicina se ha vuelto tóxica.

Lo he escrito antes; los tiempos han cambiado, el Evangelio no se puede vender como se vendían las aspiradoras.

¿Cómo?, ¿Dónde?, ¿Cuándo? y ¿A quién aplico la medicina?, son interrogantes que nos debemos hacer.

Esta toxicidad nos ha llevado a contaminar cosas que no lo estaban, incluyendo ciertas palabras.

Los cristianos tienen una antena muy aguda para detectar palabras que consideran anticristianas.

Palabras que los asustan: *magia, yoga, meditación, karma, relativismo, nueva era, ecumenismo*, por mencionar algunas.

Hay gente que ni siquiera sabe pronunciar la palabra *ecumenismo*, pero habla vehementemente en contra de ella con un celo inexplicable.

Al escucharlas, inmediatamente se cierran a las conversaciones.

Desintoxicación de palabras.
Necesitamos una desintoxicación de ideas y palabras enfermas.

Debemos de re-evaluar palabras de nuestro vocabulario cristiano y darnos cuenta si significan lo mismo para los demás.

¿Qué pasaría si por un tiempo pusiéramos nuestro lenguaje religioso en ayuno?

Tal vez provocaríamos una renovación. Tal vez el resultado sería una comunicación más evocativa, más compasiva y poética. A lo mejor nos llegaríamos a parecer más a Jesús compartiendo a través de historias, despertando el hambre en el corazón de las personas…

Si dejáramos de hablar, posiblemente recuperaríamos lo sagrado del mensaje, tal vez la gente dejaría de escuchar nuestros consejos como algarabía, como algo disonante, como *címbalo que retiñe* y empezarían a distinguir palabras y escuchar el mensaje.

Festival de nuevas lenguas

Jesús es la Palabra viviente y dinámica, ajustándose a la capacidad de entendimiento de cada etapa que nos toca vivir.

En los tiempos en los que estamos hay más significado en el silencio que en las palabras.

Cuando nos encontramos con alguien que perdió a un ser querido, a veces no hallamos qué decir, y es lo mejor.

Decimos más con el silencio.

A veces en mis tiempos de oración, siento que mis palabras se convierten en un obstáculo para orar, es entonces que los gemidos indecibles *hablan más que mil palabras*.

Aun Dios *guardó silencio* por cuatrocientos años cuando las palabras se habían viciado, y después de ese tiempo, nos habló a través de su Hijo, el Verbo hecho carne.

> **En los tiempos en los que estamos hay más significado en el silencio que en las palabras.**

Contrario a lo que pensamos, un ayuno de silencio no significa que habrá silencio, ¡no! Significa que finalmente hablarán nuestro corazón y nuestras acciones a un volumen imposible de ignorar.

Pero, es difícil guardar silencio, cuando lo hacemos rendimos el derecho al control y la manipulación.

El deseo de siempre estar dando nuestra opinión. Nos sucede a todos.

Si guardáramos silencio, tal vez nos daríamos cuenta que sabemos poco, pero opinamos mucho.

Cuando dejemos de hablar, seremos forzados a ver hacia dentro, a ser introspectivos, a contemplarnos a nosotros mismos y enfrentar nuestros propios demonios.

El silencio nos susurrará la verdad.

Cuando regresemos de nuestro ayuno de palabras descubriremos que, para comunicar efectivamente el Evangelio, el punto de partida deberá ser el lugar donde se encuentra la persona con la que estamos hablando, no donde nos encontramos nosotros.

Así era Jesús.

Adornando Tumbas

Su lenguaje no fue religioso.
Sus mensajes son predominantemente parábolas, historias de la cotidianidad.
Relatos que hablan de cómo Dios ama y acoge al pecador. Cómo Dios se regocija cuando volvemos a casa.
Sus parábolas eran historias de buenas nuevas.

¿Qué nos pasó?
Tengo suficiente edad para recordar cuando el mensaje del Evangelio consistía en hablar de un encuentro con Dios a través de Jesús. Era un mensaje sencillo de salvación y transformación.
Mi encuentro con Jesús en mi adolescencia se dio en ese entorno.
¿Qué nos pasó? ¿Cuándo nos perdimos en el camino?
Ahora Juan 3:16 no suena a buenas nuevas.
La predicación del Evangelio actualmente se ha convertido es un ejercicio en confrontación con un lenguaje vitriólico y apologético hasta llegar al pleito.
Jesús ha dejado de ser una persona y se ha convertido en un argumento.
Para poder recuperar el sentido de las palabras necesitamos un ayuno de ellas.
Hay palabras que particularmente requieren descanso; *avivamiento, unción, cobertura, discipulado, bendición, predicación, guerra espiritual*, entre muchas otras.
Necesitamos un festival de nuevas lenguas, pero no solo de nuevas palabras, sino de nuevas maneras de comunicar el mensaje.
Aún nuestra manera de predicar necesita un nuevo bautismo.
Hemos *santificado* el medio.
Hemos *santificado* tanto el sermón tradicional, al punto que, si alguien rompe formación, si se aleja de la norma, los demás lo ven menos espiritual.
Es común escuchar a cristianos descalificando un mensaje porque no se leyó un pasaje para empezar, no se oró al final, no se utilizó cierto lenguaje, no se usó una Biblia física sino una digital, el

sermón no fue lo suficientemente largo, no hizo la invitación para conocer a Jesús, en fin, la lista es interminable.

Despertando la creatividad.
El guardar silencio nos llevará a tener un nuevo bautismo en nuestra forma de compartir, despertará la creatividad que tanto se ha perdido en la iglesia. Necesitamos nuevas ideas de predicaciones que se alejen de lo tradicional; parábolas, narrativas, liturgias, actuaciones, poesía, etc.

Es tiempo de dejar morir el ego del predicador evangélico y sepultarlo para permitir que resucite un predicador nuevo.

Toda tradición religiosa debe pasar por el valle de la sombra de muerte, por la noche oscura del alma para renovarse.

Todo esto es necesario para que la iglesia recupere la voz que ha perdido, la influencia que ha menguado y la relevancia que escasea.

Referencias:
Festival de nuevas lenguas
1. Es una palabra mexicana. Un *albur* es un juego de palabras con un doble sentido, normalmente de tipo sexual.
2. Lucas 24:49. Versión NVI. Digital

8
Dignificando al pecador

8 Dignificando al pecador

¿Qué es el pecado?
¿Qué es esta carga que llevamos sobre nosotros que nos hace sentir indignos y culpables?
¿Cómo veía Jesús el pecado?
¿Cómo lo interpretaba?

En occidente entendemos el pecado como la práctica de cosas malas, romper reglas, y aunque el pecado incluye eso, Jesús va más profundo.

Él utilizó la palabra *perdido* más que la palabra *pecador* para referirse a aquellos que necesitan un salvador.

Después que Jesús va a la casa de un cobrador de impuestos llamado Zaqueo, y después que este tiene un cambio profundo en su vida, Jesús declaró: *"Porque el hijo del hombre vino a buscar y a salvar lo que se había perdido"*.¹

Seguramente la gente de Jericó esperaba que el Maestro reprendiera a Zaqueo y tuviera palabras más fuertes en su contra, pero no, para Jesús, Zaqueo simplemente se había perdido.

Es revelador comparar la percepción que Jesús tiene del pecador, en comparación a la de la iglesia.

Jesús habló de la oveja perdida, la moneda perdida, el hijo perdido. *"...este tu hermano era muerto, y ha revivido; se había perdido, y es hallado"*.²

De nuevo, los que hemos leído la historia del hijo pródigo diríamos que se fue en rebeldía, que deshonró a su padre, pero Jesús dice que *se había perdido*.

Es importante notar estos matices en el mensaje de Jesús y comparar su concepto de pecado con el nuestro.

Es revelador comparar la percepción que Jesús tiene del pecador, en comparación a la de la iglesia.

Los cristianos hemos utilizado esta palabra para rechazar al mundo y sentirnos superiores a los demás.

A veces los cristianos actuamos como beatos, como santurrones y vemos a los demás como malos, como sucios, como personas que se comportan como animales y sus obras son vergonzosas.

Y por supuesto que hay actos vergonzosos y perversiones de todo tipo, pero esto no hace que Jesús trate a las personas con desprecio, los ve como perdidos.

A la raíz.

Jesús nunca se queda en la apariencia, nunca se queda en las ramas.

Como en todas las cosas, Él va a la raíz, y en el caso del pecado no es la excepción.

Debemos entender que Jesús era un judío, un rabino, y como tal, su mensaje tenía el encuadre de la cultura y la fe judía. Él entendía el pecado de la manera en la que la entendían los judíos.

La palabra *pecado* en el hebreo original no es tan agresiva y excluyente como lo es para nosotros ahora.

Nuestra traducción y la connotación con la que hemos cargado esta palabra, hace que perdamos la perspectiva de Jesús.

Hay varias palabras en hebreo, pero la más usada es *"Chata"* y significa *errar al blanco*.

La referencia es un arquero que lanza una flecha hacia un objetivo y falla.

En el griego esta palabra se traduce como *"Amartano"* y también significa *errar al blanco*.

En otros contextos, *pecado* se usaba para hablar de alguien que iba a cierto lugar y se perdía en el camino.

Iba a cierto lugar, pero se perdió.

Cuando entendemos la raíz de esta palabra, nos damos cuenta porqué Jesús utiliza la expresión *perdido*, más, que *pecador*.

Esta forma de ver el pecado nos lleva a tratar al pecador de una manera diferente.

Es fascinante notar que de parte de Jesús hay una identificación con los pecadores.

Este Jesús que es *sin mancha y sin pecado*, viene con Juan el Bau-

8 Dignificando al pecador

tista para ser bautizado.

El autor de la epístola a los Hebreos dice que Jesús es nuestro Sumo Sacerdote porque se identifica con nosotros, porque fue tentado en todo como nosotros.

Fue tentado a pecar igual que nosotros, y su tentación da mucha luz en esto de estar perdidos.

Jesús vino a la tierra con un propósito, así como nosotros estamos en la tierra con un propósito.

Jesús no erró al blanco, es decir no pecó. Se mantuvo fiel a su llamado y al Padre.

En el desierto.
Jesús fue tentado por el diablo para desviarlo del blanco.[3]

Estas fueron las propuestas de Satanás: *"Si eres el Hijo de Dios, ordena a estas piedras que se conviertan en pan"*.

La primera tentación tiene que ver con placer: Da rienda suelta a tus placeres, esto te hará feliz.

Después lo lleva al pináculo del templo y le dice:

"Si eres el Hijo de Dios, ¡tírate! Pues las Escrituras dicen: "Él ordenará a sus ángeles que te protejan".

La segunda tentación tiene que ver con fama y aceptación: Demuéstrales a todos quién eres, esto te hará feliz.

"Luego el diablo lo llevó a la cima de una montaña muy alta y le mostró todos los reinos del mundo y la gloria que hay en ellos. Te daré todo esto —dijo— si te arrodillas y me adoras".

La tercera tentación tiene que ver con fortuna: Tú puedes tener todo lo que quieras y eso te hará feliz.

Cuando cedemos a cualquiera de estas tentaciones, placer fuera de control, fama y aceptación, posesiones o fortuna, nos perdemos, erramos al blanco.

¿Y cómo nos lleva la tentación a errar el blanco?

Todas estas cosas son las que el hombre busca para encontrar identidad y satisfacción.

Ese es el impulso en el corazón del ser humano.

De allí provienen las crisis existenciales y también el pecado.

El problema radica en que los seres humanos no reconocemos que nuestra identidad se encuentra ligada a nuestro Creador, y al no aceptarlo, nos *perdemos* detrás de cosas que nos harán más y más infelices. Erramos el blanco.

La identidad de Jesús está ligada a la relación con el Padre y su propósito aquí en la tierra.

Si Él hubiera cedido a las tentaciones que Satanás puso delante suyo, hubiera errado al blanco.

Es por eso que cuando Jesús trata con el pecador, lo hace con amor. Entendiendo su lucha.

Lo hace de una manera sutil y suave porque entiende el corazón humano.

Jesús entiende nuestros anhelos más profundos.

El pozo de la insatisfacción.

Juan en el capítulo cuatro de su evangelio cuenta una historia,[4] un relato que podría ser toda una cátedra para nosotros los cristianos modernos, acerca de cómo tratar con el pecado.

Jesús iba a Galilea y pasa por Samaria.

Llega a un pueblo llamado Sicar y se sienta junto al pozo de Jacob, porque estaba cansado, mientras los discípulos van a comprar algo de comer.

En ese momento llega una mujer Samaritana a sacar agua del pozo y Jesús se dirige a ella, pidiéndole de beber.

Los judíos no se relacionaban con samaritanos, y los rabinos no hablaban con mujeres, menos de este tipo.

Algunos argumentan que la razón por la que la mujer fue a sacar agua del pozo a mediodía, en medio del calor, cuando las mujeres usualmente iban juntas en la mañana, era por su mala reputación, por su condición de *mujer fácil*.

Ella le dice a Jesús: *"¿Cómo se te ocurre pedirme agua, si tú eres judío y yo soy samaritana?"*

8 Dignificando al pecador

Jesús inició una conversación.
Es importante acentuar esto.
Fue una conversación, no fue evangelismo o una predicación.

Después le dice: *"Si tan solo supieras el regalo que Dios tiene para ti y con quién estás hablando, tú me pedirías a mí, y yo te daría agua viva".*
La mujer no entiende la metáfora, cree que Jesús está hablando del agua natural y le pide que le dé de esa agua para ya no venir a sacarla.

La identidad de Jesús está ligada a la relación con el Padre y su propósito aquí en la tierra.

El Maestro continúa con la conversación: *"Cualquiera que beba de esta agua pronto volverá a tener sed, pero todos los que beban del agua que yo doy no tendrán sed jamás. Esa agua se convierte en un manantial que brota con frescura dentro de ellos y les da vida eterna".*

Jesús profundiza un poco más en la metáfora, el agua que Él le ofrece quita la sed para siempre, no la sed natural, sino la del alma.

Él le está diciendo; *tú buscas satisfacción, pero en donde la estás buscando no la encontrarás. Volverás al mismo lugar una y otra vez, pero siempre tendrás sed.*

Por fin, la mujer parece entender de qué se trata y le dice a Jesús: *"Dame de esa agua".*

Es en ese momento que Él le dice: *Ve y llama a tu marido.*

¿Por qué hace esto? ¿Está tratando de humillarla? No, ese no era el estilo de Jesús.

Si rompió toda barrera para hablar con ella, ¿Por qué habría de humillarla?

La mujer responde lo que Él ya sabía: *"No tengo marido"* - Jesús agrega*: "bien has dicho, porque cinco maridos has tenido y el que ahora tienes no es tu marido".* - Jesús está comparando el pozo con la vida licenciosa de esta mujer. *Así como vienes diariamente a saciar tu sed física a este pozo, frecuentemente vas al pozo de las relaciones con otros* *hombres para saciar la sed de tu alma.*

El pecado tiene que ver con insatisfacción.
Es buscar satisfacción en otras cosas aparte de Dios.
Es buscar otro salvador aparte de Jesús.
El drogadicto está buscando un salvador, el que es promiscuo sexualmente, está buscando un salvador, un hombre que busca poder, está buscando un salvador, etc. etc.

Zaqueo estaba buscando salvación a través de la riqueza en un trabajo que lo llevó a traicionar a su pueblo.

> **El pecado tiene que ver con insatisfacción. Es buscar satisfacción en otras cosas aparte de Dios. Es buscar otro salvador aparte de Jesús.**

Desde la perspectiva de Jesús, el pecado es mucho más que obrar mal o violar un principio moral; es la manifestación más clara de haber errado al blanco buscando identidad y satisfacción fuera de Él.

Cuando ves el tema desde esa perspectiva dejas de percibir a Dios como un juez enojado que castiga, y entonces te das cuenta que *"no somos castigados porque pecamos, somos castigados por nuestro pecado".*[5]

La mujer finalmente se da cuenta de lo que está sucediendo y le dice a Jesús: *"Sé que viene el Mesías, al que llaman el Cristo"* —y añadió—, *"Cuando Él venga nos explicará todas las cosas"*. - *Ese soy yo, el que habla contigo* —le dijo Jesús.

Confrontados.

Otro ejemplo de cómo Jesús veía el pecado lo encontramos en la parábola del hijo pródigo.

Esta historia, entre otras cosas que ya hemos visto con anterioridad, nos confronta con ideas que dominan el pensamiento cristiano en el tema del pecado y el pecador.

8 Dignificando al pecador

En esta parábola cada uno de los personajes hace lo que menos se espera de ellos y sus respuestas contradicen nuestra forma de pensar.

El padre.

En el pensamiento cristiano, o por lo menos la forma en la que concebimos a Dios, el Padre está enojado con el pecador y quiere castigarlo, pero el Dios representado por el padre en la parábola del hijo pródigo, nos sorprende y *hace añicos* nuestras ideas acerca de Él.

Este Dios, da libertad a sus hijos, y los deja tomar sus propias decisiones, aun cuando estas vayan en contra de Su voluntad.

En la historia del hijo pródigo, el padre no está enojado con su hijo desobediente; lo espera, y cuando lo ve venir, se vuelve como un niño, corriendo a su encuentro. Normalmente son los hijos quienes corren al encuentro del padre, pero en esta parábola es el padre el que corre al encuentro de su hijo, confrontando así nuestros conceptos acerca de Dios.

El hermano mayor.

Del hermano mayor, que representa a la iglesia, se espera que se regocije con la llegada de su hermano menor (el pecador) que se había perdido, pero hace lo contrario. Así que nos sorprende a todos con su enojo; no quiere participar de la fiesta de bienvenida que el padre dio por el inesperado regreso.

Erróneamente se compara con su hermano menor y se llena de un falso sentido de justicia basado más en sus obras que en el amor del padre. Siente que por sus acciones él es digno y que su hermano es indigno.

El hijo mayor no cree que su hermano menor estaba perdido. Gastó la herencia en fiestas y prostitutas. Es lo único que puede ver. No tiene los ojos del padre.

El hermano menor.
Por último, el hijo pródigo, el personaje de la historia que representa al pecador, es el que más sorprende.

No puedo evitar notar que cuando Jesús habla de los pecadores, los dignifica.

Después de que hubiera malgastado su herencia y vivido perdidamente, luego de haber hecho todo lo incorrecto, Jesús nos da la oportunidad de ver el corazón de un pecador. Estando lejos de la casa de su padre, él reaccionó:

"*Y volviendo en sí, dijo: ¡Cuántos jornaleros en casa de mi padre tienen abundancia de pan, y yo aquí perezco de hambre! Me levantaré e iré a mi padre, y le diré: Padre, he pecado contra el cielo y contra ti. Ya no soy digno de ser llamado tu hijo; hazme como a uno de tus jornaleros*".[6]

Qué bello…

¡Qué declaración de arrepentimiento tan hermosa, sincera, poética, profunda, llena de significado!

Cada vez que leo el arrepentimiento del hijo pródigo me confronta, me humilla, me pone en mi lugar.

Los cristianos modernos reclamamos nuestros derechos como hijos de Dios, arrebatamos, desatamos y decretamos bendiciones sobre nosotros mismos, pero el hijo pródigo dice: "No soy digno de ser llamado tu hijo".

Necesito aprender del hijo pródigo.

Reitero, la iglesia ve al pecador como un salvaje, como un animal. Como alguien insensible que no experimenta el sentido de culpabilidad y no tiene ningún interés en cambiar, pero el hijo pródigo nos enseña que los pecadores no están conformes con su condición; y aun cuando se encuentran lejos, sus corazones apuntan hacia la casa del Padre.

El hijo pródigo nos da una lección de arrepentimiento de la que todos podemos aprender.

8 Dignificando al pecador

El fariseo y el publicano.

El tema de dignificar al pecador es tocado otra vez por Jesús cuando contó la parábola del publicano y el fariseo. Él sabía que los fariseos (religiosos) menospreciaban a los publicanos (pecadores), pero a través de su ejemplo y enseñanzas, Jesús movió al pecador a una mejor luz, y puso al fariseo en su lugar.

"Dos hombres subieron al templo a orar; uno era fariseo, y el otro, recaudador de impuestos. El fariseo se puso a orar consigo mismo: "Oh Dios, te doy gracias porque no soy como otros hombres —ladrones, malhechores, adúlteros— ni mucho menos como ese recaudador de impuestos..." En cambio, el recaudador de impuestos, que se había quedado a cierta distancia, ni siquiera se atrevía a alzar la vista al cielo, sino que se golpeaba el pecho y decía: "¡Oh Dios, ten compasión de mí, que soy pecador!" Les digo que este, y no aquél, volvió a su casa justificado ante Dios. Pues todo el que a sí mismo se enaltece será humillado, y el que se humilla será enaltecido".[7]

No es accidental que el publicano se parezca al hijo pródigo en su actitud y en su lenguaje. Es el mismo Jesús contando otra parábola en la que dignifica al pecador.

No deja de sorprenderme el énfasis tan positivo que pone sobre el pecador en las historias que cuenta. Tan diferente a la actitud que la iglesia tiene en relación a quien peca.

El publicano se queda a cierta distancia, no se siente digno de acercarse, ni tampoco se atreve a alzar la vista al cielo. El Maestro nos enseña que el pecador no es un animal salvaje que solo quiere pecar.

Es fácil concluir al leer los evangelios, que Jesús era más duro y directo con *los de adentro* y más cortés y compasivo con *los de afuera*.

Creo que deberíamos imitar sus formas.

Por lo menos en un par de ocasiones Jesús se admira de la fe de los pecadores.

Nunca se admiró de la fe de los religiosos.

Que Dios se admire de la fe de alguien ya es un tema por demás interesante, pero que ese alguien no pertenezca a la fe, es

revolucionario.
Jesús dignificó al pecador.
¿Por qué nosotros no hacemos lo mismo?

Referencias:
Dignificando al pecador
1. Lucas 19:10. Versión NVI. Digital
2. Lucas 15:32. Versión RVR, 1960. Digital
3. Mateo 4:1-11. Versión NVI. Digital
4. Juan 4:1-26. Versión NVI. Digital
5. Rohr, Richard. *The Divine Dance*. New Kensignton PA: Whitaker House, 2016. Pág. 161
6. Lucas 15:17-19. Versión RVR, 1960
7. Lucas 18:10-14. Versión NVI. Digital

9
Vino añejo

Adornando Tumbas

Muchos creen que lo viejo es lo mejor y que lo nuevo es peligroso.

Predican en contra de la *modernidad* como uno de los enemigos de la iglesia y tratan de proteger a sus fieles en contra de su influencia. Hablan de regresar a las *sendas antiguas* porque *todo era mejor antes*.

Existe un *"culto a la iglesia primitiva"*, esta idea de que la iglesia moderna está muy mal y que debemos volver a vivir como lo hizo la primera.

Esta forma de pensar no es nada nuevo, Jesús la enfrentó en su ministerio hace dos mil años.

Viendo el aferramiento que los fariseos tenían a las tradiciones y formas antiguas, Jesús hizo una declaración que sigue estando vigente: *"Y ninguno que beba del vino añejo, quiere luego del vino nuevo; porque dice: "el añejo es mejor".*[1]

Hablamos de avivamiento, pedimos renovación, pero vivimos en el pasado rechazando lo nuevo. Preferimos lo de antes.

Esa era la tendencia en los tiempos de Jesús y continúa siendo la nuestra.

En vez de adorar a Dios, adoramos los recuerdos, el pasado.

Lo mejor sucedió ayer, hoy no está pasando nada.

Antes había santidad, hoy todo es libertinaje.

Los mejores predicadores fueron los de antaño.

Las mejores iglesias...

Los mejores himnos...

El problema está en que, si adoramos el pasado, no veremos lo que Dios está haciendo en el presente.

Los fariseos preferían lo viejo, lo antiguo, las tradiciones y las ceremonias, y rechazaron al Mesías que tanto esperaban cuando se paró frente a ellos.

- Lo rechazaron, precisamente porque su mensaje era nuevo y no se acomodaba a sus moldes antiguos.

9 Vino añejo

Hablando a los fariseos, Jesús les hizo ver lo erróneo de adorar el pasado y pronuncia un ay:

"*¡Ay de vosotros!...*"

En las Escrituras, los *ayes* eran expresiones de lamento, angustia mental y aflicción.

Eran declaraciones que se hacían cuando se estaba en una situación de la que no se podía escapar.

Es lamentable ver a personas aferradas a algo que no volverá, a algo que tuvo su momento, pero que ya pasó.

Adornando tumbas.

Jesús ve que los fariseos están en este tipo de situación y les explica el problema: "*...edifican tumbas a los profetas que sus antepasados mataron, y adornan los monumentos de la gente justa que sus antepasados destruyeron*".²

> **El problema del religioso es que acepta el mensaje del profeta fuera de tiempo.**

Su mensaje en esta declaración es genial, va directo al problema, pero los fariseos no lo captan.

El argumento de Jesús va directamente en contra de la actitud religiosa.

¿Y cuál es la actitud religiosa?

Esto es importante.

El problema del religioso es que acepta el mensaje del profeta fuera de tiempo.

Se dan cuenta de la necesidad de cambio una generación después.

Al principio se resisten, crujen los dientes, se oponen a lo nuevo, pero luego de un tiempo ceden, aunque para entonces ya es tarde.

Ese es el argumento de Jesús, los religiosos de su tiempo, los detractores que rechazaban su mensaje, honraban las reliquias de los profetas de antaño adornando sus tumbas.

Sin duda repetían los mensajes que esos profetas de antaño habían dado, pero Jesús los confronta diciéndoles que esos mismos profetas que tanto honran y respetan fueron asesinados por sus antepasados, más específicamente sus padres.

Jesús no lo dice en la conversación con los fariseos, pero la implicación es obvia, los padres de ellos mataron a los profetas porque no aceptaron sus palabras. No las aceptaron porque era un mensaje nuevo.

Todo religioso se rehusa a ser consciente de su religiosidad, no puede ver hacia el futuro, solo hacia atrás; por eso ellos le responden a Jesús y le dicen: *"Si hubiéramos vivido nosotros en los días de nuestros antepasados, no habríamos sido cómplices de ellos para derramar la sangre de los profetas"*,[3] pero Jesús conoce muy bien el corazón de los religiosos, así que empuja aún más la enseñanza diciendo: *"¡Completen de una vez por todas lo que sus antepasados comenzaron!"*.[4] Dicho de otra manera, *mátenme a mí también*.

Jesús estaba siendo rechazado como lo fueron los profetas de antaño. Él sabía que sería crucificado por su mensaje.

Jesús murió por nosotros, pero el juicio que lo llevó a la muerte fue instigado y llevado a su conclusión por los religiosos.

Qué triste es esto.

Un problema cíclico.
El problema del cual Jesús está hablando es cíclico.
Se presenta con cada generación.
Matamos a los profetas que nos traen un mensaje nuevo, pero después de muertos, entendemos ese mensaje y los empezamos a venerar.

Lo trágico de esto es que al aceptar sus palabras muchos años después, el mensaje ya quedó obsoleto y requiere una nueva interpretación.

Como reseñé anteriormente, el religioso generalmente está atrasado una o varias generaciones.

Los fariseos demostraban su *santidad* y su celo adorando el pasado, y pensaban que al hacerlo honraban a Dios, pero cuando Dios se para delante de ellos en la persona de Jesús, lo rechazan porque su mensaje era algo demasiado nuevo, demasiado progresista.

En nuestros días es muy común escuchar el llamado a regresar a la *senda antigua*, pero se confunde esta con el deseo de satisfacer cierta nostalgia, cierto anhelo por una santidad agria.
"Esa es verdadera adoración", dicen algunos adultos inundados por la melancolía después de escuchar un himno antiguo.
Confunden nostalgia por los viejos tiempos, con verdadera adoración.
Debemos entender que la fe que practicamos ahora y la forma en la que entendemos el cristianismo en nuestros días, en algún momento fue algo nuevo, pero hoy, incluso, requiere renovación.

Renovación constante.
Nuestro planeta está en cambio constante.
Cuando Dios creó este mundo, lo puso en movimiento, un movimiento que no cesa.
El universo, dicen los astrónomos, cada día se está expandiendo, pero nosotros, los que decimos estar más cerca de este Dios creativo, nos retraemos, nos limitamos y matamos a los que nos quieren llevar al movimiento.

Sucedió con Jesús y sigue sucediendo, por eso Él les dijo en su momento a los religiosos: *"Les voy a enviar profetas, sabios y maestros. A algunos de ellos ustedes los matarán y crucificarán; a otros los azotarán en sus sinagogas y los perseguirán de pueblo en pueblo".*[5]
Cada vez que escuches a los religiosos levantar la voz en contra de alguna herejía, cuando veas un linchamiento virtual a alguna iglesia o maestro, acuérdate que Él lo advirtió.

La rotura en la religión.
En una ocasión Jesús estaba comiendo con sus discípulos.

Adornando Tumbas

Parece que era un día de ayuno para los fariseos, pues estos llegaron como el típico *aguafiestas* en contra de la celebración. Entonces le preguntaron a Jesús que por qué sus discípulos no ayunaban cuando ellos sí lo hacían: *¿Cómo es posible que nosotros nos sintamos con tanta hambre y tus discípulos están teniendo un banquete?*

Él les contesta con otra pregunta: "*¿Acaso pueden los que están de bodas ayunar mientras está con ellos el esposo?*".[6]

En las Escrituras, Jesús es presentado como el esposo, como quien trae alegría a la fiesta. Su mensaje y compañía no trae luto, sino celebración.

El estilo de vida festivo y comunitario de Jesús se convierte en una piedra de tropiezo para los fariseos.

El Maestro procede a explicar sobre la necesidad de renovación para poder entender su mensaje y su estilo de vida*: "Nadie pone remiendo de paño nuevo en vestido viejo, porque tal remiendo tira del vestido y se hace peor la rotura, ni echan vino nuevo en odres viejos, de otra manera los odres se rompen y el vino se derrama y los odres se pierden; pero echan el vino nuevo en odres nuevos y lo uno y lo otro se conservan mutuamente".[7]

Aquí la enseñanza de Jesús está siendo comparada con un paño nuevo.

Al mencionar el vestido viejo está haciendo referencia a la religión, la tradición y la ley.

Jesús está diciendo: *No pueden tomar mis palabras para remendar la rotura de su vieja religión.*

Hay una rotura en la tradición, es un hueco de inconsistencias y contradicciones que demuestran nuestra desnudez.

Espacio nos hace falta para hablar de cómo el mundo ve a la iglesia.

De haber sido un movimiento que influía en la política, el arte, la educación y mucho más; hoy es vista como oscura, intolerante, periférica.

Hay un éxodo de *mileniales* abandonando la iglesia porque han

9 Vino añejo

visto su desnudez.

La rotura en el vestido de la religión demuestra una gran necesidad.

¿Qué hacemos?

Jesús nos dice que no es suficiente remendar, que no podemos tomar su mensaje para coser la rotura.

Eso es exactamente lo que hacemos, seleccionamos cuidadosamente partes del mensaje de Jesús. Aquellos que nos permiten continuar con la forma de llevar a cabo nuestra religión.

Esta es la religión remendada.

Jesús dice: *no me usen como remiendo, mi mensaje requiere un cambio total de vestidura.*

No puedes tomar solo lo que te conviene.

Hay una rotura en la tradición, es un hueco de inconsistencias y contradicciones que demuestran nuestra desnudez.

La rigidez de la religión.

Jesús, como era común, utilizaba analogías que la gente podía entender para comunicar su mensaje. En este caso usa la del vestido viejo y un remiendo nuevo, pero también la del vino nuevo y los odres viejos.

En la analogía de la vestidura, el mensaje de Jesús es el remiendo nuevo, en la de los odres viejos, el mensaje de Jesús es el vino nuevo, no el añejo.

El vino nuevo es aquel que está en proceso de fermentación, y este no puede ponerse en odres viejos, secos y rígidos.

La fermentación requería de odres nuevos que se pudieran expandir en su proceso.

Esto es clave, la rigidez de la religión no permite la expansión.

El mensaje de Jesús nos involucra en este ejercicio de fermentación que nos expande, pero dicho ejercicio, no lo podrá resistir la religión, pues es inflexible. El vino nuevo entrará en conflicto con la enseñanza de la religión estancada y se romperá;

es decir, el mensaje de Jesús hará que los odres se quiebren y se derrame el vino.

De nuevo, la genialidad y la sutileza en la manera que Jesús comunica una idea es sorprendente.

La religión que muestra lo viejo de sus prácticas a través de una rotura...

La religión que muestra su rigidez rompiéndose y derramándose...

El vino nuevo se echa en odres nuevos, dice Jesús, y lo uno y lo otro se conservan mutuamente.

"Uno para el otro".

Para que la frescura de la enseñanza de Jesús sea preservada en nosotros, necesitamos una vida fresca y renovada. Esa renovación y frescura guardarán la enseñanza (vino nuevo), de hacerse mala, de perderse, de convertirse en ley o reglas como sucedió para los fariseos, y como sigue sucediendo en la iglesia moderna.

La iglesia habla del vino añejo, pero Jesús habla de vino que continúa fermentándose, agarrando carácter, fuerza, sabor.

Podemos llenarnos de reglas otra vez.

La iglesia insiste en hablar de lo viejo, de lo de antes, de regresar al pasado, pero Jesús habla de lo nuevo.

La iglesia habla del vino añejo, pero Jesús habla de vino que continúa fermentándose, agarrando carácter, fuerza, sabor.

Jesús edifica su iglesia.

La iglesia está siendo perfeccionada.

Si creemos que Jesús está edificando su iglesia, debemos creer que su estado actual es mejor de lo que fue hace cien, o incluso, dos mil años.

Dejemos de adornar tumbas.

Si tú eres de los que adora el pasado, nunca verás lo que Dios está haciendo en el presente.

De igual manera, cuando Dios hace algo nuevo entre nosotros, no significa que rechazaremos la iglesia y nos separaremos, sino que la iglesia debe ser renovada y mantenerse renovada.

Referencias:
Vino añejo
1. Lucas 5:39. Versión RVR, 1960.
2. Mateo 23:29. Versión NTV
3. Ibid 23:30
4. Ibid 23:32
5. Ibid 23:34
6. Marcos 2:19. Versión RVR, 1960.
7. Mateo 9:16-17. Versión RVR, 1960.

10
Adoración narcisista

La iglesia moderna ha desarrollado una teología casi exhaustiva en el tema de la adoración.

Hacemos retiros y conferencias de varios días para hablar de este tema.

Expertos, si es que los puede haber, han escrito cualquier cantidad de libros acerca del porqué y cómo adorar, pero Jesús poco se refirió a la adoración, y cuando lo hizo, no tenía que ver con formas o métodos.

Muchos discuten acerca de cuál es la música adecuada para adorar o qué palabras debe incluir una canción para ser considerada verdadera adoración, pero en relación a los pormenores, Jesús guardó silencio.

La liturgia o nuestra manera de adorar no parecían ser temas que a Jesús le interesaran.

La única ocasión en la que habló acerca de la adoración fue porque su interlocutora, una mujer samaritana, le preguntó sobre el lugar donde se debía adorar, a lo que Jesús respondió: *"Ni en este monte ni en Jerusalén [...] los verdaderos adoradores adorarán al Padre en espíritu y verdad"*,[1] insinuando de esta manera que la adoración no tiene que ver con lugares, y por deducción, con formas.

Podríamos sostener que hasta cierto punto Jesús derriba los argumentos a favor de métodos y formas de adoración.

Esto no significa que Jesús la menospreciara. Como judío, Él participaba en prácticas religiosas profundamente apegadas a los rituales de adoración.

La importancia de la adoración.

La adoración es de vital importancia. Sin ella, la fe individual y corporativa no se puede mantener.

Cuando dejamos de adorar juntos, perdemos el sentido de la trascendencia de Dios en nuestras vidas y el sentido de comunidad.

Hay algo que me pone a pensar: ¿Por qué es que a pesar que adoramos y estamos conscientes de la trascendencia de Dios, cantamos canciones que hablan de su ausencia y nuestro anhelo de estar cerca de Él?

¿Habrá algo de la adoración que tal vez no entendemos?

El problema con ciertas canciones de adoración es que, si no encontramos el equilibrio necesario, pueden llevarnos a practicar una adoración narcisista.

Déjame explicar.

Queremos ver a Dios, pero no por las razones correctas.

La adoración narcisista es demasiado personal.

Yo y Dios.

Nos *conecta* con Él pero nos desconecta de los demás.

Esta forma de ver la adoración demasiado personal nos lleva a interpretar muchos de los pasajes de las Escrituras de una manera individual cuando son comunitarios.

Nos lleva hacia adentro pero no nos impulsa hacia afuera.

Si ponemos atención a Jesús, su vida y su mensaje nos llevarán a re-interpretar muchas cosas acerca de la adoración.

Jesús redefine a Dios, y esa redefinición tiene el poder de cambiar nuestra adoración.

Una de las premisas acerca de este tema es que Dios es el objeto de la adoración, y aunque esto es cierto, debemos abrir el corazón y tratar de entender la propuesta de Jesús acerca de quién es Dios y dónde se encuentra.

Dios hombre.

Primero, al venir al mundo, Jesús le da una interpretación radical a la definición de Dios.

Dios se convirtió en hombre.

Esto era considerado una blasfemia para los judíos.

Los argumentos más acalorados que Jesús tuvo con los fariseos tenían que ver con ese tema, y fue la razón por la que lo querían matar.

En una ocasión discutían con Él y le dicen que no pudo haber visto a Abraham, pues ni siquiera tiene cincuenta años, a lo que

Adoración narcisista

Jesús responde: *"Ciertamente les aseguro que, antes de que Abraham naciera, ¡Yo Soy!"*.[2]

En ese momento, los fariseos tomaron piedras para arrojárselas.

La segunda ocasión fue cuando dijo: *"El Padre y yo somos uno"*.[3] Después de haberlo escuchado, los fariseos se dispusieron a apedrearlo, y Jesús les pregunta: *"Yo les he mostrado muchas obras irreprochables que proceden del Padre. ¿Por cuál de ellas me quieren apedrear?"*[4]

Ellos le respondieron: *"No te apedreamos por ninguna de ellas, sino por blasfemia; porque tú, siendo hombre, te haces pasar por Dios"*.[5]

La idea que alguien fuera Dios y hombre a la vez, era difícil de digerir para los religiosos.

> **Jesús redefine a Dios, y esa redefinición tiene el poder de cambiar nuestra adoración.**

Jesús baja a Dios de las nubes, le pone sandalias y lo lleva a caminar por las calles polvorientas de Palestina.

Pero lleva su re-definición de Dios aún más allá, la empuja a los límites.

Dios en los menos.

Mateo registra las palabras de Jesús haciendo referencia a los tiempos finales diciendo:

"Porque tuve hambre, y ustedes no me dieron nada de comer; tuve sed, y no me dieron nada de beber; fui forastero, y no me dieron alojamiento; necesité ropa, y no me vistieron; estuve enfermo y en la cárcel, y no me atendieron".[6]

Estas declaraciones confunden a los interlocutores de esta parábola y preguntan:

"Señor, ¿Cuándo te vimos hambriento o sediento, o como forastero, o necesitado de ropa, o enfermo, o en la cárcel, y no te ayudamos?".[7]

Aquí Jesús responde: *"Les aseguro que todo lo que hicieron por uno*

de mis hermanos, aun por el más pequeño, lo hicieron por mí".[8]
Este es el mensaje ultra-radical de Jesús.

La pregunta: ¿Dónde está Dios?, esa interrogante que persigue y obsesiona a personas espirituales, ese cuestionamiento que nos hacemos en nuestros tiempos de adoración cuando le pedimos ver su rostro, es contestada de una manera tan llana y simple, que preferimos evadirla.

Después de dos mil años seguimos evadiéndola.

Jesús aterriza la definición de Dios, la baja de las nubes, la separa de la adoración narcisista y la dirige al prójimo.

El Dios que buscamos en el templo, ese mismo al que le cantamos en nuestras reuniones, aquel alrededor del cual hemos armado liturgias y métodos de adoración puede ser encontrado en la cárcel, en un hospital, en un niño de la calle, en el rostro de mi hermano: *"Ver tu rostro es como ver a Dios mismo"*,[9] le dijo Jacob a su hermano Esaú después de haber estado separado y en pleito con él.

El mensaje radical de Jesús es que cada vez que hacemos algo por los *menos*, por los marginados, por los desamparados; estamos entrando en el terreno de la adoración porque lo hacemos por Él.

La adoración narcisista nos ha llevado a cometer muchos errores, ha sido la adoración narcisista la que en miles de casos ha perpetuado la injusticia, el racismo, la esclavitud y las guerras.

Esta re-definición de Dios en Jesús nos lleva a entender el énfasis tan marcado del Hijo en el sermón del monte cuando nos dice: *"…si traes tu ofrenda al altar,* (es decir, si vienes a adorar[10]), *y allí te acuerdas de que tu hermano tiene algo contra ti, deja ahí tu ofrenda delante del altar y ve y reconcíliate con tu hermano"*. [11]

Interesante…

Comunidad: el objeto de la adoración.
En este sentido, el objeto de la adoración es la comunidad.
No adoramos la comunidad, pero la adoración nos debe llevar a fomentar la comunidad.

10 Adoración narcisista

El objeto de la adoración es el prójimo...

Hay gente que se pronuncia en contra de canciones que no son dirigidas a Dios, y dicen apasionadamente que eso no puede ser, que Él es celoso y no quiere que nadie más sea honrado de esa manera.

Me imagino a Dios preguntando: ¿En serio? ¿De eso creen ustedes que se trata?

Como ya vimos anteriormente, Jesús viene de un lugar donde no hay competencia, rivalidad, celos y egoísmo.

Él viene de una comunidad de tres, en la que el Padre, el Hijo y el Espíritu Santo, se aman, se honran y se dan mutua deferencia.

La realidad es que le hemos transferido nuestro egoísmo a Dios y lo hacemos verse como narcisista.

La realidad es que le hemos transferido nuestro egoísmo a Dios y lo hacemos verse como narcisista.

Ese no es el Jesús de los evangelios.

La *verdadera adoración*, para usar una frase favorita de los que hablan de esto, nos liga al mundo y sus necesidades.

Es en el momento más intenso de la visión que Isaías tiene del templo, cuando los serafines están diciendo: *"Santo, Santo, Santo"*, que escucha la voz: *"¿A quién enviaremos y quién irá con nosotros?"*, y él responde: *"Heme aquí, envíame a mí"*.[12]

Si la adoración no provoca estas respuestas en nosotros, nuestra adoración es narcisista.

La verdadera adoración no nos saca del mundo, nos lleva a él.

La verdadera adoración no nos torna en contra del mundo, sino a su favor.

¿Será que estamos buscando a Dios en el lugar equivocado?

¿Será que tenemos que buscarlo en dos lugares, en el templo y fuera de él?

La madre Teresa decía que en las mañanas hablaba con Jesús y

Adornando Tumbas

después salía a buscarlo a las calles.

¿Será que nuestro clamor por ver a Dios más claramente es un clamor por acercarnos a los necesitados?

Sugiero que muchas de las canciones que cantamos acerca de anhelar a Dios y su presencia, tendrían respuesta si buscamos a Jesús en los necesitados.

Sin justicia social, la adoración es un ejercicio vano, es solo religiosidad. De hecho, la adoración que no nos lleva a la justicia social, es repugnante para Dios.

El profeta Isaías transmite ese sentimiento al expresar: *"Cuando levantan sus manos, yo aparto de ustedes mis ojos; aunque multipliquen sus oraciones, no las escucharé, pues tienen las manos llenas de sangre [...] ¡Dejen de hacer el mal! ¡Aprendan a hacer el bien! ¡Busquen la justicia y reprendan al opresor! ¡Aboguen por el huérfano y defiendan a la viuda!"*[13]

Nuestra falta de preocupación por la justicia social hace nula nuestra adoración.

La razón por la que no nos preocupamos por los demás como deberíamos, en parte tiene su origen en nuestra adoración de *asalariados*.

Adoramos pensando en nuestro beneficio personal y comodidad.

El vivir ensimismados nos convierte en asalariados, en personas que solo buscan su bienestar propio sin preocuparse por los demás.

Antes de la reforma protestante se creía que nosotros teníamos que pagar por nuestra salvación a través de obras. Después aprendimos que es imposible pagar por ella, es un regalo de Dios, es por gracia.

Esto, llevó a muchos a vivir un cristianismo sin responsabilidad social.

La actitud subyacente es: *soy un pobre, soy un desprovisto, no tengo nada, necesito que me extiendan una mano, que resuelvan mis problemas.*

Cuando vivimos así, nunca pensamos en los demás.

Santiago habló en contra de esto cuando dijo: *"¿De qué*

Adoración narcisista

aprovechará si alguno dice que tiene fe, y no tiene obras? ¿Podrá la fe salvarle? Y si un hermano o una hermana están desnudos, y tienen necesidad del mantenimiento de cada día, y alguno de vosotros les dice: Id en paz, calentaos y saciaos, pero no les dais las cosas que son necesarias para el cuerpo, ¿de qué aprovecha? Así también la fe, si no tiene obras, es muerta en sí misma".[14]

La salvación, aunque no se gana por obras, debe de producir obras.

Se ha sugerido en el pasado que la primera Reforma fue de creencias, y la nueva Reforma tendrá que ver con obras y justicia social.

La resistencia a esta nueva Reforma se ve muy marcada en los esfuerzos militantes modernos de *luchar por la verdad*. Entre más nos enfocamos en las creencias, menos lo haremos en los demás. *"La teología mala es como la pornografía, la imaginación de una relación real sin el riesgo de una".*[15]

Abraham Joshua Herschel, argumenta que nuestro sentido de justicia es una clara evidencia que fuimos creados a la imagen de Dios. Estos son rasgos humanos de los que no nos podemos escapar.

Lo tenemos en nuestro ADN y traemos adoración a Dios en obras de justicia.

La adoración termina convirtiéndonos en personas que se lanzan a favor de la comunidad.

En este sentido, hace falta una adoración más profética en nuestras comunidades; no profética en el sentido carismático/pentecostal, pero en el sentido de hablar en contra de nuestra comodidad y de los sistemas que nos oprimen.

Profética, en el sentido que nos incomoda y nos lleva al mundo.

¿Será que el carácter de Dios expansivo lo ha llevado a lugares donde nosotros no estamos y a los que no nos gustaría ir?

Tal vez la verdadera adoración solo toma lugar cuando nos saca de *Jerusalén* (la iglesia institucional), y nos lleva a las aldeas, a los pueblos, a los marginados.

¿No fue eso lo que hizo Jesús?

Referencias:
Adoración narcisista
1. Juan 4:21-23. Versión RVR, 1960.
2. Juan 8:58. Versión NVI.
3. Juan 10:30. Versión NVI.
4. Ibid 10:32
5. Ibid 10:33
6. Mateo 25:42-43. Versión NVI.
7. Mateo 25:44
8. Mateo 25:45
9. Génesis 33:10. Versión NVI.
10. Comentario del autor
11. Mateo 5:23-24. Versión RVR, 1960.
12. Isaías 6:8. Versión NVI.
13. Isaías 1:15-17. Versión NVI.
14. Santiago 2:14-17. Versión RVR, 1960.
15. Rohr, Richard. *The Divine Dance*. New Kensington PA: Whitaker House, 2016 Pág. 21

11
Giezi y Naamán

Adornando Tumbas

Giezi y Naamán, dos personajes de una misma historia.[1]
Un relato fascinante que nos transporta a tiempos antiguos.
La historia es profunda en contenido.
Uno es siervo de Eliseo, el profeta más importante de ese tiempo.
El otro es un general del ejército sirio, siervo del rey de Siria.
Uno vive en Israel, el otro es enemigo de Israel.
Uno está cerca del Dios de Israel, el otro está lejos de Él y cerca de los ídolos.
Uno tenía un futuro prometedor como siervo del profeta Eliseo (algunos sugieren que hubiera podido ser su sucesor), el otro es un hombre importante, de éxito.
Uno está adentro, el otro afuera.
Uno está cerca, el otro lejos.
Uno tiene la piel limpia, el otro tiene lepra.
Uno había visto milagros, el otro necesitaba un milagro.

La historia es por demás conocida.
Naamán es leproso. Una niña israelita y esclava que atiende a su esposa les cuenta del profeta Eliseo y les dice que, si su amo va a Samaria a buscarlo, sería sanado de su lepra.
Naamán hace el viaje como la niña le recomendó, se presenta a las puertas de la casa del profeta Eliseo y este le manda instrucciones a través de su siervo Giezi: *"Ve y lávate siete veces en el Jordán; tu carne se restaurará y serás limpio"*.
Naamán, acostumbrado a ciertos protocolos, no está de acuerdo con dichas instrucciones.
Esperaba algo más espectacular.
Como hombre en autoridad, acostumbrado a que las cosas se hagan como él quiere o como él piensa que se deben hacer, se enfurece y se va.
Al irse demuestra su orgullo diciendo que los ríos de Damasco, Abaná y Farfar, su tierra, son mejores que todas las aguas de Israel.

Después entra en razón cuando sus siervos le insisten que haga caso a las palabras del profeta. Naamán escucha, se sumerge siete veces en el río Jordán y su piel queda *como la de un bebé*.

Cuando Naamán ve su piel limpia, regresa con Eliseo y ofrece regalos, regalos que Eliseo rechaza.

Vale la pena analizar la conversación que toma lugar entre Eliseo y Naamán.

Teología 101.
La primera declaración que hace el ahora limpio general tiene que ver con entender algo de teología básica.

No estoy hablando de detalles teológicos, como *cuántos ángeles caben en la punta de un alfiler*; nimiedades por las cuales se pelean las personas.

Naamán dice: *Ahora reconozco que no hay Dios en todo el mundo, sino solo en Israel.*

Su declaración es mucho más poderosa de lo que nos podemos imaginar.

En un mundo politeísta, donde cada país o región tenía su propio Dios, no era fácil declarar: "No hay Dios en todo el mundo sino en Israel".

En un mundo politeísta, donde cada país o región tenía su propio Dios, no era fácil declarar: *"No hay Dios en todo el mundo sino en Israel"*.

Las deidades de los pueblos protegían a los ejércitos cuando iban a la guerra. Ellos tenían que adorar a esos dioses.

Él era general, el jefe del ejército del rey de Siria. Al decir *"No hay Dios en todo el mundo sino en Israel"*, estaba declarando que no había Dios en Siria.

La implicación era de esta naturaleza: *Los dioses que adoramos allá, son falsos.*

Los soldados que lo acompañaban lo escucharon.

Esto puede sonar a sedición, rebeldía en contra del mismo rey.

La actitud y valentía de Naamán era muy parecida a la de los primeros cristianos.

Al principio de la era cristiana, los creyentes, con mucha convicción, empezaron a declarar en sus reuniones: *Jesús es Señor*. Esta declaración podía llevarlos a perder la vida, y de hecho muchos la perdieron. En esos días, el César, emperador romano, era considerado el señor, y la declaración que todos debían hacer a través del imperio era *César es Señor*; pero los cristianos rehusaron hacer esto y muchos murieron en el circo romano y en persecuciones de varios emperadores.

Así de fuerte es la declaración de Naamán.

Esta es la base para una relación con Dios.
Tú eres Dios, mereces mi lealtad y adoración.
Aunque Naamán demuestra entendimiento, este es básico.

Dios geográfico.
Después le dice al profeta:
"Permíteme llevarme dos cargas de esta tierra, ya que de aquí en adelante tu siervo no va a ofrecer holocaustos ni sacrificios a ningún otro dios, sino al Señor".

Esta parte del pasaje es muy interesante, seguramente Naamán apunta hacia la tierra y dice: *"Permíteme llevar dos cargas de tierra".*

Como los dioses estaban relacionados con la tierra donde vivían, él asociaba al Dios verdadero con la tierra de Israel, y por eso quiere llevarse un poco de ese lugar.

Percibía a Dios como si fuese geográfico, o limitado a cierta latitud y longitud.

En su precoz concepto de Dios, Naamán está diciendo: *cuando adore allá en Siria, quiero hacerlo como si estuviera en Israel.*

Lo que afirma después, demuestra el avance que está teniendo en su fe: *"y cuando mi señor el rey vaya a adorar en el templo de Rimón y se apoye en mi brazo, y yo me vea obligado a inclinarme allí, desde ahora ruego al Señor me perdone por inclinarme en ese templo",* a lo que Eliseo responde: *"Puedes irte en paz".*

Tal vez de una manera muy elemental, Naamán empieza a discernir lo que está bien y lo que no, lo que debe hacer y lo que no debe hacer. Su mente está en un proceso de transformación, los paradigmas internos están comenzando a ser derribados.

Su mente se va a Siria, a su trabajo, a sus responsabilidades, y encuentra el primer problema.

Tiene que ir al templo a acompañar al rey que ya está viejo, y debe inclinarse junto a él.

Esta acción, dice Naamán, *es algo que debo hacer por la naturaleza de mi trabajo, pero no significa nada para mí.*

En nuestros días de tanto celo, algunos verían este acto como idolatría, rebeldía y *doctrina de demonios*, pero Eliseo entiende, no se enoja con él porque estará entrando al templo de un ídolo a postrarse, no lo descalifica, solo le dice: *"Puedes irte en paz"*, *"vete tranquilo"*.

No lo reprendió por su *tibieza*, o porque le hacían falta convicciones. Nada de eso.

Solo le dice: *"Ve en paz"*.

Estas eran las palabras de Jesús a los que perdonaba, a quienes sanaba: *"Ve en paz"*, *"no te condeno"*…

Has empezado a vivir *Shalom*, has entrado a esa vida de perdón de Dios y de su reino, esa vida en la que tenemos paz. Ve en paz.

¿Será que Eliseo entendía algo que nosotros no comprendemos?

Las intenciones del corazón.

Los procesos de Dios.

El no poner cargas sobre las personas, sino esperar que el proceso tome lugar.

El criado del profeta.

Pero algo más sucede en esta historia que sorprende.

Regresemos al otro personaje del relato; Giezi, el criado del profeta.

Cuando Naamán es sanado, ofrece ofrendas a Eliseo; oro, plata, joyas, pero el profeta las rechaza… No acepta ningún regalo, y el general se va en camino de regreso a Siria.

Giezi piensa muy diferente a Eliseo, no lo quiere dejar ir sin que pague, no es justo y piensa:

"*Mi amo no debería haber dejado ir al arameo sin aceptar ninguno de sus regalos. Tan cierto como que el Señor vive, yo iré tras él y le sacaré algo*. Entonces Giezi salió en busca de Naamán"

Me gusta la traducción *"le sacaré algo"*. Suena coloquial, cómica. Debería dar risa, pero es triste.

Recordemos quién es Giezi.

Él estaba cerca del profeta, de la unción, del pueblo de Dios, cerca de Su presencia; había visto milagro tras milagro, pero su corazón era muy diferente al corazón de Eliseo.

Giezi no ve a Naamán con los mismos ojos que lo ve el profeta.

Quiere cobrarle por la gracia. Así que se va tras él y lo alcanza: "*Mi Señor me envía a decir: He aquí vinieron a mí a esta hora del monte de Ephraim dos mancebos de los hijos de los profetas: ruego que les des un talento de plata, y sendas mudas de vestidos*".

Giezi miente…

Cuando nos alejamos de la misericordia y la gracia, nos acercamos a la mentira.

Se inventa una historia.

Una historia muy bien elaborada.

La mentira tiene trozos de verdad. Estas son las mentiras más peligrosas.

Efectivamente había una escuela de profetas y sus afiliados también eran llamados *los hijos de los profetas*.

Ese tipo de engaño requiere más destreza del que la cuenta. Demuestra su experiencia en hacerlo.

Le dice a Naamán que Eliseo manda pedir tres mil monedas de plata, o sea 34 kilos del metal.

A Giezi le gusta el dinero.

La cercanía con el profeta no lo ha cambiado, la unción no lo ha transformado.

11 Giezi y Naamán

Anteriormente dijimos que cuando nos alejamos de la gracia nos acercamos a la mentira.

Es importante acentuar esto porque es clave para el resto de la historia.

Blanco como la nieve.

Giezi regresa y esconde las cosas en su casa, y cuando viene delante del profeta Eliseo y este le pregunta a dónde ha ido, él sigue mintiendo, diciendo que a ninguna parte.

Pero Eliseo ya lo sabe y le responde: *"... Ahora la lepra de Naamán se les pegará a ti y a tus descendientes para siempre".*

El relato continúa: *"No bien había salido Giezi de la presencia de Eliseo cuando ya estaba blanco como la nieve por causa de la lepra".*

Cuando nos alejamos de la misericordia y la gracia, nos acercamos a la mentira.

Estremecedor, triste.

La imagen en mi mente es terrorífica.

Dos respuestas muy distintas.

Es importante prestar atención a las acciones de Eliseo (el profeta de la gracia).

Dos respuestas muy diferentes a estos dos hombres.

El primero es altivo y pecador, extranjero y enemigo de Israel, pero no finge, no miente, es sincero, confiesa sus posibles fallas, y el profeta le dice: *"ve en paz".*

El segundo es más espiritual, más *cristiano*, más cerca del profeta y de la unción.

A este, Eliseo le dice: *"la lepra de Naamán se te pegará a ti".*

La lepra del hombre al que trataste de estafar, se te pegará a ti.

La lepra del hombre al que le quisiste cobrar por la gracia, se te pegará a ti.

La lepra del hombre que no consideraste digno de recibir el regalo de *sanidad, se te pegará a ti.*

Se invirtieron los papeles.
No es casualidad que este haya sido el resultado.
En la Biblia, la lepra representa el pecado.
¿Será posible que el pecado que tanto criticamos en los demás, se vuelve en el nuestro propio?
Jesús parece insinuar esto vez tras vez.
¿Tendrán algo que ver las palabras de Jesús, *"no juzguen para que no sean juzgados"*?
Encuestas recientes revelan que los cristianos se divorcian en la misma proporción que los no cristianos, evaden impuestos, ven pornografía, etc., etc.
Paradójicamente, a veces el que está más lejos, está más cerca; y el que está más cerca, en realidad está más lejos.
Estamos en casa, pero muy lejos del Padre.

La Biblia se encuentra repleta de ejemplos como el de Naamán.
Algunas de las enseñanzas y los encuentros más significativos de Jesús tienen que ver con los de afuera.
El samaritano, la mujer sirofenicia, el centurión romano.
Jesús se admira de la fe de los extranjeros y pronuncia *ayes* en contra de los de la casa de Israel, a causa de su incredulidad.
Son los pobres en espíritu los que heredarán las riquezas del reino:
"Y os digo que vendrán muchos del oriente y del occidente, y se sentarán a la mesa con Abraham, Isaac y Jacob en el reino de los cielos".[2]

Es muy clara la inclinación favorable que Jesús tenía hacia *los de afuera* y el rechazo a *los de adentro*.

Después de haber llamado a Leví, y este deja el banco de los tributos, Jesús va a cenar a su casa, lugar en el que convive con cobradores de impuestos y gente de muy mala fama.

Los fariseos se indignan y les preguntan a los discípulos: *"¿Por qué su maestro come con semejante escoria?"*.[3]

Es hasta cómico leer las palabras de los fariseos.

Culpable por asociación.

Jesús escucha la pregunta y les dice: *"Quiero que aprendan el significado de esta escritura; voy detrás de la gracia no de la religión. Estoy aquí para invitar a los de afuera, no para mimar a los de adentro".*[4]

No se diga más.

Referencias:
Giezi y Naamán
1. 2 Reyes 5. Versión RVR, 1995.
2. Mateo 8:11. Versión RVR, 1995.
3. Mateo 9:11. Versión NTV.
4. Mateo 9:13 (Versión The Message, traducción del autor).

12
Cristianismo y política

Cristianismo y política

Hay una conversación que se ha estado teniendo por siglos y no termina.
¿Cuál debe ser la postura de la iglesia en relación a la política?
¿Deben las iglesias involucrarse en la política?
¿Debe haber partidos netamente cristianos?
Y si los hay, ¿Deberá haber partidos netamente ateos?
¿Deben las iglesias promover candidatos o partidos?
Todas estas preguntas son válidas, especialmente en nuestros días.
Jesús vivió en un mundo complicado, político hasta la médula.
Israel estaba dominado políticamente por el imperio Romano.
Cuando Jesús nació, el rey Herodes controlaba la escena política, los hebreos eran maltratados por los romanos y tenían que pagar impuestos a Roma.
Había otro imperio que en parte también influía sobre Israel a través de su cultura y lenguaje, el griego.
El Nuevo Testamento fue escrito en ese idioma.

No hay evidencia alguna de que Jesús se haya involucrado en la política, creo que hay más evidencia sobre que se mantuvo al margen de ella, pero no hay duda alguna que su vida y su mensaje tienen implicaciones políticas y sociales muy fuertes.
Nosotros, de la misma manera, vivimos en un mundo candentemente político.
Hoy más que nunca, con la explosión de las redes sociales y el acceso a la información, la política se ha convertido en el pan de cada día.
Ahora todos son *expertos* en el tema.
La gente *lincha* cibernéticamente a presidentes, gobernadores, alcaldes, y cualquier otra persona que incursiona en el mundo de la política y no hace las cosas *correctamente*, o de acuerdo a sus expectativas.
A la vez vivimos tiempos confusos, contradictorios.

Evangélicos en EEUU.
En Estados Unidos, por ejemplo, en las últimas elecciones presidenciales, la mayoría de los cristianos evangélicos apoyaron de una manera entusiasta a un candidato millonario, que muestra comportamientos de un hombre bravucón, sexista, ofensivo, y con tendencias racistas; una persona que, en sus acciones y mensaje, refleja la antítesis del mensaje y el carácter de Jesús.

Este es el candidato que un gran sector de los evangélicos anglosajones eligió como presidente en los Estados Unidos.

Líderes y ministros religiosos norteamericanos presentaban toda suerte de argumentos a favor de este candidato republicano.

Este apoyo desconcierta a muchos cristianos alrededor del mundo, quienes fuimos testigos de las elecciones.

Los resultados nos hacen *rascarnos la cabeza* y preguntarnos, ¿Qué está pasando?

¿Está la iglesia haciendo lo correcto?

¿Nos estamos desviando?

¿Está la iglesia en riesgo de vender su alma a los estados o a la política?

La historia nos enseña que sí.

Europa es el ejemplo más claro.

Muchos abandonaron la fe, cuando durante la Edad Media la iglesia tomó la espada junto al Estado.

Un gran número de personas asocia a la iglesia con la violencia y la guerra.

La ley de Herodes.
Cuando Jesús nace, de una manera encubierta empieza a tomar forma un enfrentamiento político entre el reino de Dios que Él anunciaba, y el reino de Herodes que dominaba a Israel.

Ambos tenían la misma agenda, establecer un reino; pero el reino que Jesús propone es muy distinto al de Herodes.

Hay una película mexicana que explica claramente ese tipo de reinado: *"La ley de Herodes"*, su eslogan lo dice todo, búsquenlo en google.
Herodes era un hombre sanguinario.
Se le atribuyen muchos crímenes.
Todos los que le querían hacer sombra morían.
Mató a toda una familia que se oponía a él. Desde los abuelos hasta los nietos, pasando por los padres; pero el crimen por el que es más conocido, es el haber asesinado a todos los bebés hebreos menores de dos años de edad para que no le fueran a disputar el trono.

Un gran número de personas asocia a la iglesia con la violencia y la guerra.

Jesús, en cambio, funciona de una manera distinta.

Como veremos en el capítulo de Jesús y el poder, Él se rehusa a usar el poder que tiene, se aleja de la fama y los títulos, y hasta evita legislar cuando se le pide: *"Maestro dile a mi hermana que comparta su herencia conmigo"*. Hombre, replicó Jesús, *"¿Quién me nombró a mí juez o árbitro entre ustedes?"*[1]

Los gobernantes se establecían en los centros de poder económico, en las grandes ciudades. Jesús en cambio, escogió trabajar en los márgenes de la sociedad, con gente insignificante, poniendo especial atención a los débiles, los perturbados y los pobres.

Los pueblos donde Él ministraba; Capernaum, Corazín, Betsaida, eran pequeñas comunidades tipo haciendas donde todos se conocían.

Aunque Jesús no hace referencia política alguna, excepto cuando los herodianos le preguntan acerca de los impuestos, los judíos del tiempo de Jesús tenían opiniones muy fuertes acerca de la política.

Sectas judías.
Había entre los judíos varias sectas con posturas muy claras.
Curiosamente, todas estas encuentran su contraparte en la

iglesia moderna.

Los más conocidos de todos eran los Fariseos:

Ellos promovían un programa de santidad para la nación de Israel con muchas reglas ceremoniales. Eran especialistas en definir lo que la ley requería de las personas en la vida diaria. Su pregunta era: ¿Cómo nos podemos mantener s*antos en medio de la ocupación romana?*

La pureza ritual era su manera de oponerse a la ocupación romana.

Hay un segmento de la iglesia que su solo enfoque es promover una santidad austera de desconexión con el mundo, (con Roma).

Los fariseos incrementaban más y más el control en las áreas que los romanos no podían dominar, y lo mismo sucede con la iglesia. Con el afán de querer mostrar una diferencia con los *de afuera*, se implementan reglas para mantener control sobre la gente incauta.

Los fariseos esperaban el día cuando Dios los liberaría del domino romano y restauraría su independencia teocrática. Algunos, aunque muy pocos, se involucraban en movimientos de revolución en contra de Roma.

Al igual que los fariseos, que no se metían en asuntos de política, pero se mantenían encerrados en sus tradiciones como forma de protesta, muchos cristianos modernos viven en una *"ciudadela"* protegiéndose de la influencia del mundo.

Luego estaban los Esenios:

Este grupo se preparaba para una guerra santa en contra de Roma, según ellos, con asistencia divina. Se cree que muy probablemente Juan el Bautista era parte de este grupo, por su evidente rechazo al imperio evidenciado en su pronunciamiento en contra de Herodes y su adulterio con la mujer de su hermano Felipe.

Los esenios vivían en comunidades monásticas exclusivas en el desierto (los manuscritos del mar muerto fueron escritos por ellos). Casi no tuvieron interacción con Jesús. No vivían con el resto de

Cristianismo y política

la gente.

Los esenios son parecidos a los cristianos apocalípticos modernos, quienes decepcionados del mundo y con una mentalidad escapista, esperan el rapto y el día del juicio.

Otra secta eran los Saduceos:
Los miembros de este partido eran familias aristocráticas judías. Sólo creían en los primeros 5 libros de la Biblia (Torah). Debatían con Jesús acerca de la vida después de la muerte porque no creían en ella. Tenían puestos altos en el templo, pero estos no eran religiosos.

Ostentaban poder en el gobierno judío, pero su influencia religiosa era casi nula.

Se podría argumentar que a través de la historia ha habido líderes cristianos con influencia política, pero que *han vendido su alma* al sistema.

Luego estaban los Zelotes:
Estos eran políticos revolucionarios. Militantes y radicales. Basaban su movimiento en el primero de los diez mandamientos: *"No tendrás otros dioses delante de mí"*.

Este grupo surgió cuando los romanos empezaron a imponer tarifas, impuestos sobre los judíos. El pagar estos tributos para ellos significaba que Israel no le pertenecía a Dios, sino a los romanos. Hubo una revuelta en contra de Roma por parte de los Zelotes, lo que llevó a la destrucción del templo en el año 70.

Se cree que algunos eran discípulos de Jesús; Simón el Zelote, Judas Iscariote y tal vez Pedro.

Los pertenecientes a este grupo cargaban espada, y la escondían debajo de sus túnicas para atacar en el momento que fuera necesario, parecido a lo que hizo Pedro cuando iban a arrestar a Jesús, cortándole la oreja a Malco.

Los Zelotes se asemejan a cristianos que están tratando de establecer una teocracia en nuestro mundo. Son militantes, hacen marchas y, si encontraran la manera, impondrían un gobierno teocrático que se enfocaría en legislar moralidad.

Finalmente estaban los Herodianos:
Ellos, como su nombre sugiere, eran judíos influyentes que respaldaban al rey Herodes y al gobierno romano que él representaba. Se les menciona en la Biblia solo una vez, cuando unieron sus fuerzas con los fariseos para atacar a Jesús (Marcos 2:6; 12:13). Sin embargo, eran más similares a los saduceos y, probablemente, no habrían convenido con los fariseos más allá del deseo de silenciar a Jesús.[2]

Pero Jesús no se pronuncia a favor de ninguno de ellos, ni tampoco insinúa pensar igual.

Aunque la gente esperaba que Él tomara alguna postura política, nunca lo hizo, aun cuando claramente lo querían imponer como rey y liberador del pueblo hebreo.

Había dos figuras muy importantes en la historia de Israel y esperaban que Jesús hiciera algo como ellos.

Como Mesías, la expectativa de la gente era que al igual que David, Jesús librara a Israel del dominio romano, por eso estos últimos lo crucificaron como rey de los judíos.

La otra figura era Moisés, por eso cuando Jesús alimentó a la multitud en la multiplicación de los panes y peces, lo quisieron hacer rey, pues les recordó el episodio durante el éxodo, en el que Él alimentó al pueblo de Israel en el desierto con maná del cielo. Jesús huye cuando lo quieren hacer rey.

Pero prestó muy poca atención a los romanos.

Jesús ignoró ese mundo de poder de Herodes. De hecho, solo se refiere al emperador dos veces: *"La levadura de Herodes"*,[3] y *"esa zorra"*.[4] Aparte de eso, se mantiene en silencio en relación al gobierno que los dominaba.

Cristianismo y política

Pero sí habla de un reino. El reino de Dios.
Ese reino es como una semilla de mostaza. Empieza pequeño, insignificante.
Los gobiernos del mundo legislan, el reino de Dios se trata de anunciar buenas nuevas.

El enfoque de Jesús.
El enfoque de Jesús era Dios, Su relación con Dios, el amor de Dios por Israel y por el mundo entero.

Seguramente, más que a ningún político de antes o de ahora, a Jesús le interesaba la gente, su forma de vivir y la necesidad de un cambio, pero entendía que ese cambio solo puede darse abrazando los principios del reino de Dios. Jamás se le hubiera ocurrido legislar ese reino.

La historia nos ha enseñado que la política pervierte el cristianismo y viceversa.

Eso ya había sucedido a través de la ley de Moisés, pero no funcionó.
El enfoque de Jesús es distinto.
La mejor manera de influir en el mundo y la política, si vemos a Jesús como ejemplo, es realzando la condición humana, algo que los religiosos se olvidaban de hacer.

Jesús se pronunció en contra de la hipocresía y la ignorancia de aquellos que se auto referenciaban como modelos de piedad, mientras violaban los requerimientos centrales de la ley; como no olvidarse de las viudas, los extranjeros y los huérfanos.

Hoy como ayer, hay mucho interés por legislar moralidad, pero poco interés en demostrarla con el ejemplo.
El acto político más poderoso que podemos llevar a cabo será uno de acciones concretas que reflejen a Jesús, esto provocará más impacto que cualquier protesta.
Jesús parecía no tener en su agenda el reformar el mundo de

arriba hacia abajo, como se hace en la política.

Más bien se enfocaba en la raíz, en el pueblo, en la gente común, pescadores, personas del *vulgo*.

Siguiendo a Jesús como ejemplo, el cristianismo no debería identificarse con una ideología o partido político.

Si Jesús caminara entre nosotros hoy, no podría estar de acuerdo en subordinar el cristianismo al partidismo. Él no tomó el lado de ningún partido.

La historia nos ha enseñado que la política pervierte el cristianismo y viceversa.

Cuando la iglesia se vuelve política, la gracia, la reconciliación y el perdón, se pierden, convirtiendo la fe en amargura, pleitos, y división.

Hay temas que dejaron de ser sagrados y se convirtieron en armas políticas.

Eso se nota de manera muy obvia en Estados Unidos, donde los cristianos marchan a favor de la vida y en contra del aborto, en contra de los homosexuales y el matrimonio gay; pero se olvidan de la vida de todos los días, del amor al prójimo en la cotidianidad. Así de manera indirecta o directa promueven las guerras, fomentan el racismo y provocan más y más la marginación de los menos afortunados. El cristianismo latinoamericano está siguiendo los mismos pasos.

¿No es esta una contradicción?

Si el diablo fuera candidato republicano (le comenté a un amigo en son de broma), y dijera que está en contra del aborto y el matrimonio gay, los evangélicos de Estados Unidos votarían por él.

Si los creyentes representáramos mejor a nuestro Maestro en un mundo caído, tal vez muchos de los problemas que tenemos desaparecerían.

C. S. Lewis dijo: *"Apunta al cielo y recibirás la tierra por defecto, apunta a la tierra y no recibirás ninguno de los dos".*[5]

Cristianismo y política

Entiendo esto como decir, *enfócate en el reino de los cielos, no en la política, y ganarás la tierra. Enfócate en la política y perderás ambos.*
Jesús tenía la perspectiva del reino de Dios en los cielos. *"Mi reino no es un reino terrenal".*[6]

Si se hubiera involucrado en política, habría sacrificado su lealtad al gobierno del Padre.

Parte de la tentación del diablo en el desierto tiene que ver con poder político.

Satanás le mostró todos los reinos del mundo y le dijo: *"Todo esto te daré si te postras y me adoras".*[7]

Pero Jesús tenía puesta su lealtad en un reino que no es terrenal.

Eso no quiere decir que Jesús quería que sus discípulos no tuvieran obligaciones en la tierra.

Él nos enseñó a tener el equilibrio adecuado entre los dos sistemas, pagando impuestos y cumpliendo con nuestra responsabilidad ante el gobierno, y a la vez, dándole al reino de Dios nuestra lealtad siguiendo su ejemplo.

La realidad es que Jesús no llena las expectativas políticas que tenemos de Él.

Por una parte, Jesús no es el *Che Guevara*, que la teología de la liberación en Latinoamérica buscaba, pero tampoco es el Cristo anglosajón, capitalista y beligerante que los evangélicos americanos proponen.

¿Cómo es Jesús?

Referencias:
Cristianismo y política
1. Lucas 12:13-14. Versión NVI.
2. Bauckham, Richard. *Jesus: A very short Introduction*. New York: Oxford University Press, 2011. La información acerca de las diferentes sectas judías durante los tiempos de Jesús la encontrarás en muchos libros con enfoque en el Nuevo Testamento.
3. Marcos 8:15. Versión RVR, 1960.
4. Lucas 13:32. Versión RVR, 1960.
5. Lewis, Clive Staples. *Mere Christianity*. New York: Harper Collins, 2001. Pág. 134
6. Juan 18:36. Versión NTV.
7. Mateo 4:9. Versión NVI.

13
Jesús y el poder

Adornando Tumbas

Cuando pienso en Jesús, se me hace interesante compararlo con el espectro de la luz.

El ojo humano solo puede ver algunos colores de ese espectro. Estos son conocidos como *colores naturales* o el *espectro visible*.

Hay otros colores del espectro que no podemos percibir, y estos se conocen como infrarrojos y ultravioleta.

Cuando Jesús estuvo aquí en la tierra, tenía aspectos que se podían ver, y otros que eran invisibles. Es decir, hay un Jesús que va más allá de nuestra percepción humana.

La Biblia nos ofrece pistas acerca del Jesús que va más allá de dicha percepción.

Saulo estuvo tres días sin comer, sin beber, y con escamas en sus ojos como resultado del encuentro que tuvo con un Jesús resplandeciente cuando iba camino a la ciudad de Damasco.

En otra ocasión, Jesús lleva a tres de sus discípulos; Pedro, Jacobo y Juan, a un monte y se transfigura, se transforma *(morphen)* delante de ellos y les muestra su luz. Una luz que va más allá del espectro natural.

Como en las películas, cuando un extraterrestre revela su origen removiendo su piel y demostrando su verdadera esencia, Jesús les muestra su gloria.

Su rostro se vuelve tan resplandeciente que brillaba como el sol y su ropa se veía tan blanca como la luz. Aunque Jesús seguía siendo hombre, es decir, su cuerpo seguía siendo humano; experimenta una metamorfosis, una transfiguración, un cambio de forma.

Años después, estando desterrado en la isla de Patmos, el apóstol Juan tiene una visión.

Una experiencia que le permite ver a Jesús en todo su esplendor, una visión que tal vez lo hacía rememorar aquel momento en el monte de la transfiguración. Juan nos cuenta: *"Cuando lo vi, caí como muerto a sus pies..."*.[1]

Podemos asumir que el impacto de esta visión lo debilitó de tal manera, que la energía deja su cuerpo y cae como muerto.

Solo podemos especular, pero es evidente que un encuentro con este Jesús debe ser una experiencia impactante.

Acerca de este Jesús, cuya luz va más allá del espectro natural, Juan concluye y dice:

"*La ciudad no tiene necesidad de sol ni de luna que brille en ella*".[2]

¿Quién es este?

Por mucho tiempo los discípulos convivieron con el Jesús dentro del espectro natural; el amigo, el hermano, el hombre que contaba historias amenas, que partía el pan con ellos, pero en una ocasión, sucedió algo que los llenó de temor y asombro.

Jesús había subido a la barca con sus discípulos para cruzar al otro lado del mar de Galilea, pero se quedó dormido. Después de un rato, se desencadenó una tempestad, al grado que el barco se anegaba y sus vidas corrían peligro.

Los discípulos acababan de tener un encuentro con el Jesús que está fuera del espectro humano.

Los discípulos despertaron a Jesús diciéndole que estaban a punto de perecer. Él se levantó y reprendió al viento y las olas, la tormenta cesó y se hizo gran bonanza.

Fue en ese momento que se llenaron de temor, se maravillaron y se decían unos a otros:

"*¿Quién es este que aun los vientos y las aguas obedecen?*".[3]

Aunque habían compartido mucho tiempo con Él, en ese momento se preguntan: ¿Quién es este?

La implicación era, *no lo conocemos, no sabemos quién es*.

Los discípulos acababan de tener un encuentro con el Jesús que está fuera del espectro humano.

Lo habían visto sanar enfermos, pero en la acción que acababan de presenciar, Jesús tiene control sobre los fenómenos de la naturaleza.

El Jesús revelado.

Hay un Jesús dentro del espectro que sí puedo ver, el Jesús que

Él quiso revelar.

En Filipenses capítulo 2, el apóstol Pablo, usando la misma palabra *"morphen"*, nos habla de otra metamorfosis. Cuando Jesús se transforma en hombre y después, en siervo.

Este es el Jesús que acercó lo lejano, hizo simple lo complejo y construyó un puente entre nuestra naturaleza finita y la naturaleza infinita de Dios. Ese Jesús que se mudó a nuestra colonia y se hizo como uno de nosotros.

Este Jesús, trata, o por lo menos así parece ser en las páginas de los evangelios, de alejarse de la fama y el poder, se distancia del Jesús que va más allá del espectro.

Por supuesto que demostró su poder haciendo milagros, (los evangelios registran más de treinta), pero cuando los hace, les dice a las personas: *"No se lo digas a nadie"*. Y algunos de esos prodigios los hizo solo en presencia del que estaba siendo sanado, su familia y tres de sus discípulos más cercanos.

La lógica nos dice que si Jesús está buscando seguidores y quiere convencer al mundo de que es el Mesías, debería promoverse un poco más, pero no lo hace.

Cuando Pedro en Cesarea de Filipo, después de que Jesús les pregunta quién creen ellos que es Él, declaró: *"Tú eres el Cristo, el hijo de Dios viviente"*,[4] el Maestro le da a entender que acaba de decir una verdad revelada por Dios, pero luego les dice a sus discípulos: *"que no dijeran a nadie que Él era el Cristo"*.[5]

Jesús se negó a las peticiones de hacer milagros y demostrar su poder para que creyeran que era el Mesías.

Una y otra vez nos dice con su actitud, *no utilizaré los dones y el poder para atraer a la gente y buscar fama.*

Lo interesante de todo esto, es que, cuando Jesús hacía milagros, la gente lo interpretaba como *magia*, como poder del diablo.

El rico y Lázaro.

En la parábola del rico y Lázaro, Jesús nos lleva a entender cómo el poder y los milagros, no hacen la diferencia.

Lázaro era un leproso que se sentaba todos los días a las puertas del palacio de un hombre rico. La parábola acentúa su condición deplorable, diciendo que los perros lamían sus llagas.

Después de mucho tiempo de vivir en esa condición, Lázaro muere y es llevado por ángeles al seno de Abraham. El rico también muere, es sepultado y en el hades alza sus ojos hacia el cielo y ve al pobre en el seno de Abraham. El rico está en una condición tan terrible que le pide a Abraham que mande a Lázaro para que moje su dedo en agua y refresque su lengua porque está angustiado en medio de las llamas. Cuando Abraham le dice que eso no es posible y que hay un abismo entre ellos que no se puede cruzar, el rico pide algo más: *"Por favor, padre Abraham, al menos envíalo a la casa de mi padre. Tengo cinco hermanos y quiero advertirles que no terminen en este lugar de tormento"*.[6]

Abraham le dice: *"Moisés y los profetas ya les advirtieron, pueden leer lo que ellos escribieron"*[7].

Pero el hombre rico no se resigna y continúa insistiendo: *"¡No, padre Abraham! Pero si se les envía a alguien de los muertos, ellos se arrepentirán de sus pecados y volverán a Dios"*.[8]

Jesús dice en los labios de Abraham a través de esta parábola: *"Si no le hacen caso a Moisés y a los profetas, tampoco se convencerán aunque alguien se levante de entre los muertos"*.[9]

Fe y milagros.

"Jesús reconoció desde un principio que el entusiasmo que generaban los milagros no se transformaba fácilmente en fe que cambia vidas".[10]

Algunos de los pueblos sobre los que Jesús pronunció *ayes*, fueron en los que hizo más milagros.

En la actualidad, los prodigios siguen sin traducirse en fe.

Lo sobrenatural no siempre lleva a creer.

Jesús se aleja de lo sobrenatural, pero los cristianos occidentales lo interpretamos al revés.

Nos fascinamos con el Jesús que está más allá del espectro natural, el sobrenatural.

Tenemos una verdadera obsesión con los milagros.

De la misma manera que los fariseos le decían a Jesús: *"Danos otra señal"*, reclamándole más demostraciones de que era el Mesías, nosotros también buscamos más manifestaciones de poder. Pero Jesús concluyó y dijo: *"La generación mala y adúltera demanda señal"*.[11]

Jesús no quiere ser el *mago* que cumple todos nuestros deseos, ni el Superman que nos rescata de todos los problemas.

Alguien dijo que los milagros, más que crear intimidad, generan distancia.

Eso fue lo que le sucedió al pueblo de Israel en el desierto. Vieron los milagros más espectaculares, pero terminaron pereciendo allí mismo por su incredulidad.

Paradójico. Incredulidad en medio de un desfile de milagros.

Jesús quiere hacernos entender que hay cosas más importantes que lo sobrenatural.

Los setenta.

Cuando los 70 que Jesús había enviado a anunciar el reino regresan alegres porque se dan cuenta que los demonios se les sujetan, Jesús les dice: *"Miren…"*

Me gusta la forma en la que empieza esa oración, *"Miren"* o *pongan atención, abran los ojos…*

"Miren, les he dado autoridad para echar fuera demonios y sanar enfermos (…) pero no se alegren de que los espíritus malignos les obedezcan; alégrense de que sus nombres están escritos en el cielo".[12]

13 Jesús y el poder

Cuando nos queremos ir por la tangente y enfocarnos en el poder, Jesús nos recuerda lo que es importante.

La vida es lo importante. Sus nombres están escritos en el libro de la vida.

Cuando lo vienen a aprehender con espadas y palos, y Pedro trata de defenderlo con otra espada, le dice: ¿Crees que no puedo acudir a mi Padre, y al instante pondría a mi disposición más de doce batallones de ángeles?[13]

Jesús no usa el poder ni para defenderse.

En vez de hacer poderosas demostraciones, nos invita a que seamos mansos y humildes de corazón como Él.

A nosotros nos gustan mucho los títulos y las posiciones, pero parece ser que a Jesús no.

Cuando nos queremos ir por la tangente y enfocarnos en el poder, Jesús nos recuerda lo que es importante.

Esto lo podemos ver claramente cuando la multitud lo quiere nombrar rey y Él sale huyendo.

Aprendamos del Jesús que se rehusa a seguir la manera del mundo y nos dice que entre nosotros no sea así, invitándonos a que sigamos su ejemplo poniendo la otra mejilla, caminando la segunda milla, dando la capa y también la túnica.

Que aprendamos de su cotidianidad.

Que siendo el creador de las galaxias, pone atención a las aves del cielo y los lirios del campo, al sembrador que salió a sembrar y al pescador que llenó sus redes de peces.

Que aprendamos del siervo sufriente que profetizó Isaías. Aquel que creció como vástago tierno y como raíz en tierra seca, sin parecer ni hermosura.

Que imitemos su demostración de debilidad, más que su demostración de poder.

Tal vez el cimiento de una verdadera iglesia debería ser la

debilidad y no la fuerza. Después de todo somos seguidores de un crucificado.

Es en nuestra debilidad que nos hacemos fuertes.

Las paradojas de la vida cristiana nos enseñan que somos fuertes cuando somos débiles, que somos los primeros cuando somos los postreros, que debemos morir para vivir.

De los héroes de la fe, el libro de Hebreos dice:
"Su debilidad se convirtió en fortaleza".[14]

Lo que realmente importa.

Que aprendamos de ese Jesús que le dijo al paralítico: *"tus pecados te son perdonados"*,[15] antes de sanarlo físicamente, porque sabe que nuestra necesidad más grande no es un milagro, no es la demostración de poder, sino el perdón.

Jesús consideraba como inferiores los milagros físicos, frente a aquellos que tenían que ver con restaurar la humanidad, la dignidad de una persona.[16]

Que aprendamos de este Jesús, que en vez de actuar con poder y juicio como lo anunció Juan el Bautista, actúa con misericordia, paciencia y amor, diciendo: *"perdónalos porque no saben lo que hacen"*.[17]

Que aprendamos de este Jesús, quien pudiendo establecer su reino a la fuerza y de una manera espectacular, nos dice que este es como una semilla de mostaza.

Cómo nos hace falta aprender de este Jesús, que después de su resurrección no hace una aparición espectacular en el templo o en algún lugar público en Jerusalén, ¡no!, decide presentarse de una manera tan común, que es confundido con un hortelano por las mujeres.

Que aprendamos de este Jesús, quien después de la resurrección se encuentra con los caminantes a Emaús y anda con ellos, pero lo confunden con un forastero.

Jesús y el poder

Aprendamos de este Jesús, que se pone como piedra angular en los cimientos, no como pináculo del templo a donde lo lleva Satanás.

Que imitemos al Jesús de Filipenses 2:

"Él siendo en forma de Dios no estimó el ser igual a Dios como cosa a que aferrarse, sino que se despojó de sí mismo, tomando forma de siervo, hecho semejante a los hombres, y estando en la condición de hombre se humilló a sí mismo, haciéndose obediente hasta la muerte y muerte de cruz".[18]

Y que nos lleve a un misterio y una vida espiritual más real, más aterrizada, más en contacto con la humanidad y nuestra debilidad, reconociendo nuestra profunda necesidad de gracia en todo momento de la vida, y la dependencia radical de Dios, conscientes de que en el momento que nos sentimos fuertes o firmes, estamos en peligro de caer de nuevo.

Referencias:
Jesús y el poder
1. Apocalipsis 1:17. Versión RVR, 1960.
2. Ibid 21:23
3. Mateo 8:27. Versión NTV.
4. Ibid 16:16
5. Mateo 16:20. Versión NVI.
6. Lucas 16:27-28. Versión NTV.
7. Ibid 16:29
8. Ibid 16:30
9. Ibid 16:31
10. Phillip Yancey, *El Jesús que nunca conocí*. Deerfield Beach Florida. Editorial Vida 1996. Pág. 168.
11. Mateo 16:4. Versión RVR, 1960.
12. Lucas 10:19-20. Versión NTV.
13. Mateo 26:53 Versión NVI.
14. Hebreos 11:34. Versión NTV.
15. Mateo 9:2. Versión NTV.
16. Phillip Yancey. *El Jesús que nunca conocí*. Deerfield Beach Florida. Editorial Vida,1996. Pág. 177.
17. Lucas 23:34. Versión NTV.
18. Filipenses 2:6-8. Versión RVR, 1995.

14
Guarda tu espada

Adornando Tumbas

París, Niza, Dallas, Estambul, Kenia, Bélgica… La lista es interminable.

Una tarde mi hija Melissa me escribió por texto desde la universidad.

Me hizo varias preguntas envueltas en una queja en contra de Dios.

Era un grito de desesperación e impotencia por los acontecimientos de los últimos días en el mundo.

¿Qué está pasando?

¿Hay algo que podemos hacer?

¿Cómo detenemos estas masacres?

¿Dónde está Dios en medio de todo esto?

Creo que las preguntas de ella son las de muchos.

Memoria y tolerancia

Recientemente visité el Museo de Memoria y Tolerancia en la Ciudad de México.

Al caminar por las diferentes salas del lugar fui sobrecogido por sentimientos extraños e inquietantes. Las imágenes de genocidio, muerte y destrucción, arremetían contra mis emociones como un agresor invisible. En cada una de estas se paseaban *fantasmas* conocidos y desconocidos, de esos que asaltan la conciencia y despiertan el alma que ha vivido en estupor.

Una vez que el alma empieza a hablar, es casi imposible callarla.

Los autores de todos estos crímenes no eran animales en el sentido figurado de la palabra, eran hombres como tú y como yo; padres de familia, hombres que besaban a sus hijos antes de irse a la escuela, personas que como yo abrazaban a su madre y demostraban amor.

Eran hombres que se divertían con sus amigos y salían a pescar los fines de semana.

Hitler tenía un jardín de flores que él mismo cuidaba…

14. Guarda tu espada

Si somos honestos, la identificación con estos hombres es inevitable.

Durante el juicio que se le hizo a Adolph Eichmann, uno de los principales organizadores del Holocausto, Yehiel De-Nur, un sobreviviente, fue llamado a testificar, pero cuando entró a la corte y vio a Eichman en el banco de los acusados, De-Nur se desplomó, cayó al suelo.

En una entrevista que le hicieron a De-Nur, le preguntaron si fue el miedo o el odio lo que lo hizo desplomarse.

Su respuesta sorprendió entonces y sigue sorprendiendo ahora.

Una vez que el alma empieza a hablar, es casi imposible callarla.

Él dijo que al ver a Eichmann, se dio cuenta de que solo era un hombre: *Tuve miedo de mí mismo*, dijo De-Nur, *me di cuenta que yo era capaz de hacer lo mismo. Soy exactamente como él.*

Esta es una dosis de realidad que todos necesitamos para combatir los problemas de nuestro mundo.

El terrorista que se puso un chaleco con explosivos para salir a masacrar a muchos, esa mañana desayunó con su familia y besó a sus hijos.

Necesitamos poner un poco de atención a la historia. Este es el mensaje del Museo de Memoria y Tolerancia.

Algunos pensarán que los genocidios cesaron después del holocausto, pero no. No aprendimos del pasado. Ha habido más de 15 genocidios confirmados y faltan varios por constatar. Pero, ¿Qué tiene qué ver el genocidio con los ataques terroristas que están sucediendo en estos días? Mucho.

"Una sociedad perfecta".

La raíz de los genocidios es la misma de los ataques terroristas, las guerras, el racismo, las desigualdades sociales y el tribalismo religioso.

La palabra *genocidio* se acuñó en los cuarentas para hablar del holocausto.

La *convención de genocidio* la define como: *"La intención de destruir del todo o en parte a un grupo étnico, racial, religioso o nacional"*.

La idea de la exterminación de un grupo se desarrolla con el fin de establecer una sociedad perfecta. Las personas o grupos contra las cuales se pelea son vistas como un obstáculo para lograr los objetivos del opresor.

Esta forma de pensar pretende legitimar en la mente de un individuo, un grupo, una nación o miembros de una religión, el actuar de una manera salvaje.

Hitler quería exterminar a los judíos porque los consideraba una raza inferior que estorbaba sus esfuerzos para establecer una sociedad perfecta.

En los adherentes de toda religión e ideología, subyace el deseo de hacer que los demás sean como ellos.

A veces de una manera agresiva, las religiones y filosofías quieren imponer su forma de creer para establecer una *sociedad perfecta*.

Ha sucedido con el cristianismo, el ateísmo, el socialismo, el capitalismo, etc., etc.

¿Qué tiene qué ver esto con nosotros?
¿Y qué podemos hacer para combatir lo que está pasando en nuestro mundo?

Tal vez de manera inmediata no podemos hacer mucho, pero a largo plazo podríamos generar una diferencia titánica.

Creo que como iglesia debemos alejarnos de toda actitud y actividad militante que proviene de interpretar el reino de Dios de una manera equivocada.

Cuando entendemos este como una guerra, nos encerramos dentro de la *ciudadela* que es la iglesia y peleamos en contra de los demás.

Hemos malinterpretado las palabras *no son de este mundo*, y eso nos ha llevado a optar por la retirada para refugiarnos en la *ciudadela* (la cultura cristiana separada del mundo y sus efectos).

Tomamos una actitud beligerante, nosotros contra el mundo allá afuera.

Bajo esta mentalidad nos escondemos dentro de las paredes de una cultura cristiana oscura y periférica y nos pronunciamos en contra de todo lo que sucede afuera de nuestra ciudad.

Algunas iglesias actúan literalmente como una fortificación. Satanizando a todos los que se oponen a ellos y catalogándolos como herejes o enemigos.

La aldea.

Cuando pienso en el concepto de *ciudadela*, se me viene a la mente la película *"The village" (La Aldea)*.

En esta cinta, un grupo de familias que vivieron experiencias traumáticas en la ciudad, deciden formar una pequeña aldea donde se alejan del mundo y su contaminación.

Para poder mantener la aldea funcionando, fue necesario que los padres infundieran temor en los más pequeños.

Historias de criaturas diabólicas más allá de los límites de la aldea mantienen a los jóvenes en línea.

Algunos sectores de la iglesia han hecho algo similar. Han mezclado la verdad con la mentira. Han desarrollado teorías de conspiración que les ayudan a mantener cierta cohesión.

Buscan chivos expiatorios que les ayudan a conservar un equilibrio que realmente no existe.

Adornando Tumbas

Entre los chivos expiatorios más comunes están las teorías de conspiración, interpretaciones de profecía sensacionalistas, orden mundial, iluminati y ecumenismo, por mencionar algunos.

Los chivos expiatorios siempre han existido, durante la plaga negra en Europa, los judíos se convirtieron en uno. Ellos eran culpados por la mortandad, eran vistos como brujos con poderes especiales, cuando la enfermedad era causada por un problema de higiene.

En su momento la ciencia se convirtió en el chivo expiatorio, la iglesia martirizó a astrónomos que tenían una perspectiva distinta a la establecida por la religión.

Buscamos chivos expiatorios porque es más fácil encontrar a quién culpar de nuestros problemas, que tomar responsabilidad.

Buscamos chivos expiatorios por el temor a que nuestro sistema se desmorone.

Los chivos expiatorios siempre están ligados a la ignorancia.

Esta mentalidad de *ciudadela* se convierte en una afrenta para la iglesia y un obstáculo para influir sobre el mundo porque hacemos de la fe algo exclusivo.

Nos consideramos los únicos depositarios de la verdad y menospreciamos los esfuerzos que otros hacen por conocerla, señalando sus errores sin misericordia.

Mentalidad de turba.
Dentro de la *ciudadela* se desarrolla lo que se conoce como *mentalidad de turba*.

Este término es por demás interesante, y describe con claridad la actitud de muchos en la iglesia.

El fenómeno toma lugar cuando de una manera extraña, los

miembros de un grupo hacen a un lado su individualidad y forman una conciencia colectiva, aceptando las teorías de conspiración que maneja el grupo y empiezan a exhibir conductas extremistas.

La mentalidad de turba denota una actitud histérica y agresiva: "Aquellos que son parte de la multitud, son siempre perseguidores en potencia, porque sueñan con purgar (purificar) a la comunidad de elementos impuros que la corrompen, los traidores que la socavan o debilitan".[1]

Buscamos chivos expiatorios porque es más fácil encontrar a quién culpar de nuestros problemas, que tomar responsabilidad.

Solo se requiere un acto de agresión o violencia de parte de uno de los miembros, para que todos los demás pierdan toda inhibición para hacer o decir cosas que normalmente no harían.

La mentalidad de turba se exhibe muy claramente en las redes sociales.

A diferencia de cuando esta se presenta en medio de sociedades reales, ocasionando en algunas oportunidades el linchamiento físico de los enemigos, la virtual se hace de manera semi-anónima, desde la comodidad de la casa y a través de un comentario incendiario.

Espacio me faltaría en un solo libro para transcribir las barbaries que algunos cristianos, cegados por tal mentalidad, comunican en las redes sociales.

La persona involucrada en esta actividad ve sus actos como justos, se percibe peleando una guerra santa porque adquiere la personalidad extrema del grupo que está *linchando* a los opositores.

Cuando tenemos este tipo de mentalidad, en vez de defender la verdad de una manera inteligente, nos volvemos fanáticos.

Quienes son seducidos por este tipo de mentalidad, suelen ser personas ignorantes, que al ser confrontadas y cuestionadas de una manera personal acerca de su involucramiento en esa turba, raramente tienen una explicación convincente acerca de la razón de su involucramiento. Solo repiten los argumentos que escucharon de algún líder extremista.

Este fenómeno se da en el tema de la religión y también en la política.

Es común, cuando algún medio de comunicación se acerca a entrevistarlos, escuchar las pobres respuestas de personas que participaban en una manifestación pública.

Las cadenas de noticias con agendas claras, se acercan a estos manifestantes incautos y ponen un micrófono frente a ellos, con las primeras palabras que salen de sus labios se nota que no pueden articular sus razonamientos de una manera inteligente, porque no los tienen.

Al escuchar sus respuestas es fácil darse cuenta que hacen más daño que bien a la causa.

Si queremos marcar una diferencia en el mundo, necesitamos aprender de Jesús.

Cuando Jesús iba a ser aprehendido, vino a Él una multitud con espadas y palos y Él les dijo algo que necesitamos oír, especialmente en estos días:

"¿Acaso soy un peligroso revolucionario para que vengan con espadas y palos para arrestarme?" [2]

Jesús marca una raya entre Él y aquellos que de una manera militante querían establecer algún reino o filosofía.

Fue después de estas palabras, que Pedro sacó su espada y le cortó la oreja a Malco, uno de los soldados.

Desde el punto de vista de los reinos del mundo, Pedro estaba haciendo lo que debía de hacer un súbdito: defender al rey.

Pedro interpretaba el reino de Jesús como un imperio que se impone por la espada, por la violencia, pero Jesús, después de sanar a Malco de su oreja, le dice a Pedro: *"Guarda tu espada"*.[3]

El reino de Dios no se impone por la fuerza, no tiene que ver con la espada.

Pero si este reino no es una revolución, si no se impone con las armas, ¿Cómo se establece?

Él dijo que su reino era: *"...semejante a la levadura que tomó una mujer, y escondió en tres medidas de harina, hasta que todo fue leudado."* [4]

Su reino, más que ser una revolución política, es una fermentación.

Hay algo de este relato que me gusta mucho; aunque sé que las parábolas no tienen que interpretarse de una manera literal en cada uno de sus matices, me gusta que esta dice que la mujer *escondió* tres medidas de levadura en la masa. El reino de Dios se establece casi secretamente y sin muchos aspavientos.

Es interesante la parábola que Jesús utiliza para referirse al reino de Dios.

Una mujer en la cocina.

La connotación de la palabra reino es *violencia imperial*, imposición por la fuerza; sin embargo, su parábola del reino nos lleva al seno de una familia, al lugar donde reina el amor y la armonía. Nos lleva a la cocina, donde una mujer prepara la mesa.

Mis recuerdos más agradables tienen que ver con la cocina de la casa de mis padres y de mi abuela. Cuando se preparaba la masa para hornear, me gustaba estar cerca de ese proceso, anticipando el resultado final.

Aún recuerdo el olor a pan...

El sabor en mi boca.

No creo que sea accidental el entorno que Jesús escoge para la analogía del reino de Dios.

La idea violenta de los reinos no se aplica al reino de los cielos, y el contraste en la mente de Jesús no puede ser más adecuado para derribar nuestros impulsos imperiales, nuestros deseos de imponer el reino de Dios y legislar moralidad.

Adornando Tumbas

Aquellos que son seguidores de Jesús se deben mezclar como la levadura en este mundo y dejar que empiece el proceso de fermentación. ¿Y qué es lo que esta levadura representa? Buenas nuevas, perdón, amor, armonía, paciencia, deferencia.
¿Qué si guardamos la espada?
¿Qué si nos convertimos en embajadores de la bondad de Dios?

Referencias:
Guarda tu espada
1. Girard, René. *The Scapegoat*. Baltimore Maryland: John Hopkins University Press, 1986. Pág. 16
2. Marcos 14:48. Versión NTV.
3. Mateo 26:52. Versión NTV.
4. Mateo 13:33. Versión RVR, 1960.

15
Juan o Jesús

Adornando Tumbas

Antes de Jesús hay un precursor, un hombre que prepara el camino y anuncia su venida.
Juan el Bautista es un personaje extraño.
Su comportamiento es arrebatado.
Abandona la tierra sagrada de Israel y decide vivir en el desierto.
Para él, la ciudad es un lugar corrupto y casi sin esperanza, por eso se aleja de ella.
Se viste con piel de camello, y para mantener todo en su lugar, la sostiene con un cinto de cuero.
Me lo imagino austero, con piel reseca y ceño fruncido.
Es un asceta de esos que castigan su cuerpo haciendo penitencias variadas.

Los monjes del desierto hacían votos de silencio, ayunos largos y ejercicios físicos extremos con el fin de castigar su cuerpo, he ahí el porqué de la dieta de langostas de Juan el Bautista y su vestimenta semejante a los vestidos de silicio.
Es un predicador del desierto y su enfoque es el pecado y la rebeldía de Israel.
Su diagnóstico no es bueno, su mensaje es apocalíptico:
"El hacha está puesta a la raíz de los árboles...".[1]
Nadie se puede escapar de la ira inminente de Dios.
Bautiza en el río Jordán y cuando los hombres vienen para ser sumergidos en las aguas, les dice:
"Generación de víboras, ¿Quién les enseñó a huir de la ira venidera?"[2]
Cuando el fuego arrasa los campos, las víboras huyen; esa es la imagen.
Este Juan, con todas sus peculiaridades, es el que introduce a Jesús como el Mesías, como *el cordero de Dios que quita el pecado del mundo*.
Juan dice acerca de Jesús: *"Es más poderoso que yo"*, y comparándose con Él, afirma: *"No soy digno de desatar la correa de sus sandalias"*, y agrega: *"Yo los bauticé con agua, pero Él los bautizará en Espíritu Santo y fuego"*.[3]

Juan el Bautista "Reloaded".

Para los que escuchaban su mensaje, la expectativa era clara: si Juan es intransigente, Jesús lo será aún más.

Si este nuevo profeta es más poderoso y bautiza con fuego, será Juan el Bautista *"reloaded"* (recargado).

Pero esas expectativas no encontrarán cumplimiento en Jesús.

Jesús de ninguna manera cuestiona o critica la misión del Bautista, es más, lo pone como ejemplo para los demás, diciendo que *no había nacido de mujer un hombre como él*, pero se empieza a tomar lugar una diferencia muy marcada entre las maneras de llevar a cabo sus ministerios.

Es un predicador del desierto y su enfoque es el pecado y la rebeldía de Israel.

Primero, este Jesús que anunciaba Juan va con él para ser bautizado:

"Yo necesito ser bautizado por ti y ¿tú acudes a mí?",[4] cuestiona desconcertado... No entiende esta actitud del Mesías.

Con ese acto, Jesús se identifica con los pecadores, actúa como si tuviera necesidad de arrepentimiento, aunque sea el cordero sin mancha.

Algo no está bien...

Con ese acto Jesús rompe filas, dejando la formación de su precursor y toma una dirección distinta.

En vez de alejarse de los pecadores, se identifica con ellos.

Tal vez, a partir de ese momento, Juan empieza a notar que este Mesías no era realmente lo que él esperaba. Como cuando le das tu voto a un candidato que prometía mucho y luego te decepciona.

El juicio de Dios.

Jesús comienza a darle un enfoque diferente a su misión.

El tema del juicio y el fuego purificador es casi omitido.

Comparado con Juan, hay un aparente silencio de parte de Jesús acerca de la ira de Dios.

Cambia el mensaje de juicio por el tema de la misericordia de Dios.

Cuando se levanta en la sinagoga a leer el pasaje de Isaías,[5] diciendo que esa Escritura se está cumpliendo delante de ellos omite una parte del pasaje.

El texto original de Isaías dice: *"pregonar el año del favor del Señor"*, y agrega: *"y el día de la venganza de nuestro Dios".*[6]

Esta última parte Jesús la omite.

El lenguaje duro de Juan en el desierto es sustituido por un mensaje evocativo y esperanzador.

Sus analogías tienen que ver con el campo, con campesinos y pastores.

Sus parábolas están impregnadas de imágenes familiares.

Jesús no parece ser el profeta apocalíptico que Juan propone.

Jesús dedica todo su tiempo y su esfuerzo a esta encomienda, anunciar que el reino de los cielos ha llegado.

"La vida austera del desierto es sustituida por un estilo de vida festivo".[7]

Con frecuencia se reúne con amigos a cenar, al grado de ser apodado *borracho y glotón*.

No se separa del mundo, como lo hacían los ascetas distanciándose de lo impuro, Jesús se acerca al mundo, *"Jesús toca al leproso y no es Jesús el que queda impuro, sino el leproso que queda limpio".*[8]

Cuando empieza a predicar, las primeras palabras que habla son: *"Arrepentíos, porque el reino de los cielos se ha acercado".*[9]

No habla de juicio, de fuego que consume, sino de un reino...

El reino de Dios.

¿Cuál es este reino del que habla?

Todo judío tenía una idea más o menos clara de lo que el reino de los cielos significaba.

Las aspiraciones más profundas, los sueños más grandes del

pueblo hebreo estaban basados en la esperanza del reino de Dios.

Los reinos humanos no habían funcionado muy bien para los judíos.

Cuando ellos pidieron rey, Dios les dio a Saúl, pero no era su plan óptimo. Él mismo quería ser el rey sobre su pueblo, y Saúl falló como lo hacían el resto de los reyes.

Los profetas hablaban en contra de los gobernantes y las injusticias que estos cometían en contra de los menos favorecidos.

La explotación de los pobres en manos de los ricos llevó a Israel al sufrimiento.

Fueron oprimidos y esclavizados por reinos extranjeros como Egipto y Babilonia.

Jesús y su mensaje son la respuesta a los anhelos del pueblo judío.

El reino de Dios y la salvación son el núcleo de su predicación, mejor conocido por nosotros como el Evangelio.

Esta es la palabra que se utilizaba para anunciar buenas noticias, de allí viene la otra, ángel o mensajero.

Los ángeles son justamente mensajeros que dan noticias, fue Gabriel quien anunció a María que iba a tener un bebé concebido por el Espíritu Santo.

Pero este mensaje del Evangelio es de buenas noticias, de gozo.

Cuando los pueblos antiguos ganaban las grandes batallas, enviaban evangelistas a proclamar el Evangelio, la buena noticia a los pueblos.

Jesús está haciendo exactamente eso.

Le está dando buenas noticas al mundo.

No les habla de juicio ni les da nuevas leyes, les da buenas noticias.

El Evangelio no pone una carga sobre ti, te libera de ella.

Este reino es de dicha y felicidad.

En este reino, Dios quiere una vida digna para todos.

Los discípulos de Juan.
Con su propia vida, Jesús nos deja saber qué significa el reino

Adornando Tumbas

de Dios.

Recorre las aldeas, los pueblos, sanando toda dolencia en el pueblo, liberando a los oprimidos por el diablo.

Empieza a predicar en las aldeas más pobres y aisladas, donde están los desheredados, los destituidos.

Toda esta obra buena que Jesús está haciendo, provoca que Juan el Bautista dude.

Jesús se convierte en una piedra de tropiezo para él.

Para entonces, Juan estaba en la cárcel por seguir con su mensaje de juicio, y en este último caso, en contra de Herodes por haberle dicho: *"¡No te es lícito tener la mujer de tu hermano!"*.[10]

Desde la cárcel, el Bautista le manda preguntar a Jesús: *"¿Eres tú el que había de venir o esperaremos a otro?"*.[11]

Insinuando de esta manera que no era lo que él esperaba.

Lo que sigue, resume el propósito del reino:

En ese mismo momento, después de recibir el mensaje de Juan, y en presencia de los mensajeros, Jesús sanó a muchos que tenían enfermedades, dolencias y espíritus malignos, y les dio la vista a muchos ciegos, y luego les dice: *"Vayan y cuenten a Juan lo que están viendo y oyendo [...] dichoso el que no tropieza por causa mía"*.[12]

No se confundan. No tropiecen por mi causa. No hago las cosas como tradicionalmente se han hecho.

Mi reino no es como los reinos del mundo.

¡Aléjate de mí Satanás!

Aún los discípulos tenían dificultad para entender algunas de las palabras del Maestro.

Cuando les dice que tendrá que ir a Jerusalén y sufrir en manos de los sacerdotes y los ancianos, Pedro reacciona diciendo: *"¡De ninguna manera, Señor! ¡Esto no te sucederá jamás!"*[13]

Criticamos a este discípulo por su reacción, por su falta de entendimiento, pero su reacción era lógica, a un rey no se le hace eso, él será protegido por sus súbditos.

Pedro no entiende el tipo de reino que Jesús estaba estableciendo.

15 Juan o Jesús

En el reino de Dios, el que sufre es el rey, no los súbditos.

En los terrenales, el rey es protegido por los súbditos, en el reino de Dios, Él nos protege a nosotros.

Jesús le responde: *"Aléjate de mí Satanás"*.

Palabras fuertes de parte de Jesús, pero como ya dijimos anteriormente, Pedro reaccionó como lo haría cualquier persona ante tal situación; los reyes no morían así, había que protegerlos.

Jesús después le dice: *"Representas una trampa peligrosa para mí. Ves las cosas solamente desde el punto de vista humano, no desde el punto de vista de Dios".*[14]

El punto de vista humano...
El punto de vista de Dios...
Los reinos del mundo...
El reino de Dios...
Este reino tiene más que ver con los súbditos que con el rey.

Los reinos del mundo explotan al hombre, en el de Dios, Jesús lo dignifica.

Los reinos del mundo explotan al hombre, en el de Dios, Jesús lo dignifica.

El Salmo 22 es una descripción del sufrimiento de este rey. Aquel que va a la cruz.

Este reino no se impone por la fuerza sino a través de la cruz, de la debilidad.

¡Cómo nos cuesta captar esto!

Decimos entender su mensaje, aseguramos saber que se trata de amar, manifestamos que vamos a creer en la gracia y el amor, y ser discípulos de Jesús, pero en el momento de la dificultad nos gana lo militante.

Como iglesia y liderazgo necesitamos tomar una decisión acerca del tipo de ministerio que queremos tener.

¿Imitaremos a Juan o a Jesús?

¿Seremos promotores de gracia o de juicio?

¿Nuestro lenguaje será cáustico e hiriente? ¿O compasivo y esperanzador?

Algunos ven la reacción de Jesús en el templo, cuando volcó las mesas; y lo toman como ejemplo para llevar a cabo sus ministerios.

Hemos errado en hacer de la excepción, la norma; es decir, esta actitud de Jesús es la excepción, su ministerio se caracterizó por demostrar amor y compasión.

En los momentos más difíciles actuó con mesura.

Si hemos de ser duros, seámoslo con nosotros mismos, en contra del sistema de religión orgulloso y exclusivo, en contra de las actitudes que nos llevan a sentirnos superiores a los demás.

Referencias:
Juan o Jesús
1. Mateo 3:10. Versión RVR, 1960.
2. Ibid 3:7
3. Ibid 3:11
4. Ibid 3:14
5. Lucas 4:18-19. Versión NVI.
6. Isaías 61:2. Versión NVI.
7. Pagola José Antonio. *Jesús: Aproximación Histórica*. Bogotá: PPC. 2013. Impreso. Pág. 89.
8. Ibid. Pág. 207.
9. Mateo 4:17. Versión RVR, 1960.
10. Marcos 6:18. Versión RVR, 1960.
11. Mateo 11:3. Versión RVR, 1960.
12. Ibid 11:4,6
13. Ibid 16:22
14. Mateo 16:23. Versión NTV.

16
Jesús por defecto

La mayoría de las doctrinas y principios que como iglesia creemos y practicamos provienen de las epístolas.

Creo entonces, que estas, especialmente las de Pablo, se han convertido en el fundamento doctrinal de la iglesia.

El apóstol de los gentiles se describe a sí mismo como el *"perito arquitecto"[1]* de este *edificio de Dios,* que es la iglesia.

Pero, ¿Qué debemos hacer cuando no nos podemos poner de acuerdo en algún tema?

¿Qué cuando la interpretación de algún pasaje de las Escrituras nos divide?

¿Cuál debería ser nuestro actuar cuando por causa de un desacuerdo tratamos a los demás de manera cáustica y excluyente?

Propongo que regresemos a Jesús.

Aunque, como acabo de manifestar, creo que las epístolas son el fundamento para nuestra teología, Jesús debe ser el corazón.

Él en realidad no habló de doctrina o teología, de hecho, tomando en cuenta todo lo que dijo, especialmente a través de parábolas, son pocas las veces que cita el Antiguo Testamento.

No parece estar interesado en presentar un mensaje apologético.

No abandera una suerte de argumentos para que creamos que es el Mesías.

Eran los fariseos quienes estaban interesados en esas discusiones.

Es refrescante regresar a Jesús y darnos cuenta que muchas de las disputas que tenemos, ante su presencia se disipan, pierden importancia.

Venir a Jesús, escuchar sus palabras y ver su ejemplo nos hace abandonar nuestras discusiones absurdas y nos permite descubrir lo que realmente importa.

Siempre que tengamos dudas de algo, debemos regresar a Jesús por defecto; es lo más sano que podemos hacer.

Fuego del cielo.

En el evangelio de Lucas lo encontramos enviando a unos de sus discípulos a una aldea de samaritanos a pedir posada para preparar la Pascua.

Los discípulos van, pero no son recibidos por los samaritanos. Cuando regresan con la mala noticia, están tan indignados por el rechazo, que Jacobo y Juan le dicen a Jesús:

"*¿Quieres que mandemos que descienda fuego del cielo, como hizo Elías, y los consuma?*".[2]

Cuando Jesús escuchó la reacción violenta y la propuesta de juicio sobre los samaritanos, los reprende y les dice: *"vosotros no sabéis de que espíritu sois"*.[3]

Estas palabras del Maestro deberían ser clave para resolver conflictos.

¿Sabemos de qué espíritu somos?

Cuando los discípulos proponen que fuego descienda del cielo, están haciendo alusión al profeta Elías.

Elías era el profeta de la ley y el juicio.

Su ministerio se caracterizó justamente por el fuego, el viento y el terremoto.

Es refrescante regresar a Jesús y darnos cuenta que muchas de las disputas que tenemos, ante su presencia se disipan, pierden importancia.

Él fue el profeta que oró para que llamas descendieran del cielo.

Él fue quien degolló a los 450 profetas de Baal.

Este departamento continúa vigente en nuestros días. Ministerio internacional *Degollando falsos profetas*.

Cuando Jesús les dice: *Ustedes no saben de qué espíritu son*, está marcando una diferencia entre su espíritu y el de Elías; entre su espíritu y el de Juan el Bautista que vino en poder a prepararle el camino.

Está marcando una diferencia entre la forma de hacer las cosas en el Antiguo Testamento, y su manera de hacerlas bajo la gracia.

Hay una tendencia muy marcada en la iglesia y el liderazgo moderno de tener congregaciones y ministerios bajo el modelo de Elías o Juan el Bautista.

Seguramente muchos de nosotros hemos estado en congresos donde predicadores, en arrebatos de frenesí, instan a los jóvenes a ser como Elías o Juan, pero ese no es el espíritu bajo el cual se mueve Jesús.

Cuando el Mesías aparece en la escena, después de la introducción que Juan el Bautista le da, hay una diferencia muy marcada entre ambos.

Como vimos en el capítulo anterior, Jesús no es el profeta austero con tendencias ascéticas y penitentes. Él no viene a degollar profetas falsos, pero sí a denunciar sus comportamientos en detrimento de los pobres y los necesitados.[4]

Jesús nos enseña que Dios no está en el fuego, el viento o el terremoto, sino en el silbido apacible.

Las parábolas de Jesús.

Si queremos conocer el carácter de Dios para ubicar nuestra teología, si buscamos entrever el corazón del Padre, su verdadera esencia; tenemos que buscarlo en las parábolas de Jesús.

En ellas, el Unigénito Hijo que está en su seno, rechaza nuestra percepción de Dios y su reino. En ellas *"toda forma de pensar es volcada, cada expectativa es hecha añicos. Todas las formas y normas de conducta son revestidas"*[5]

Sus parábolas anuncian la buena noticia del reino, anuncian a voz en cuello el amor, la compasión, y la gracia de Dios.

Los evangelios demuestran que Jesús, quien se hizo hombre y se convirtió en nuestro intercesor, conoce también nuestra naturaleza y nos entiende.

Nos compara con ovejas perdidas, porque estos animales, que por sí solos no pueden encontrar el camino de regreso a casa, necesitan un pastor.

Él *hace añicos* nuestra percepción de Dios, esa imagen del Dios autoritario y distante, con características de deidades griegas como Zeus, que arroja rayos para castigar a aquellos que lo desafían, especialmente los que mienten y rompen pactos.

En el corazón de sus parábolas se encuentra la bienvenida a los perdidos y la ayuda a los marginados.

Todo esto debieron haberlo sabido los discípulos, pero no, ellos quieren que descienda fuego del cielo.

Después de reprender a Jacobo y Juan, y decirles que no saben de qué espíritu son, agrega algo muy importante.

Algo que debe convertirse en el filtro de nuestra interpretación bíblica.

Algo que debe definir nuestra forma de vivir la vida cristiana.

Algo que acabará con los pleitos doctrinales y el tribalismo.

Algo que nos llevará a cambiar nuestra forma de hacer evangelismo e iglesia:

*"Porque el hijo del hombre no ha venido para perder las almas de los hombres, sino para salvarlas".*⁶

¿Cómo es posible que aquel que vino a salvar, dé permiso a sus discípulos para pedir que descienda fuego del cielo?

Jesús insiste que debemos hacer todo lo posible por salvar a los hombres, no perderlos, y esto incluye re-evaluar nuestro estilo de ministerio.

Los perdidos son una prioridad en la vida y el mensaje de Jesús.

No escatima esfuerzo para encontrar al que se perdió.

Deja las noventa y nueve para ir a buscar a la oveja extraviada.

Nosotros en cambio, entretenemos a las noventa y nueve y nos olvidamos de la que se va.

Cuando se trata de compartir de Jesús, somos motivados más por la contienda que por el amor. Estamos más interesados en ganar una discusión con los no creyentes, que llevarlos a conocer al Salvador.

Apto para enseñar.

Esto no es nada nuevo, el consejo de San Pablo a Timoteo fue: *"No tengas nada que ver con discusiones necias y sin sentido porque ya sabes que terminan en pleitos. Porque el siervo del Señor no debe ser contencioso, sino amable para con todos, apto para enseñar, y no propenso a irritarse. Que con mansedumbre corrija a los que se oponen, por si quizás Dios les conceda que se arrepientan para conocer la verdad".*⁷

Adornando Tumbas

Ser apto para enseñar no tiene que ver con la habilidad de explicar puntos doctrinales, ni ser un gran orador, o tener voz de reverendo.

Ser apto para enseñar es pensar y actuar como Jesús.

Es importante acentuar que la frase *apto para enseñar*, se encuentra entre una sarta de palabras que definen lo que es ser apto: No ser contencioso, ser amable con todos, ser paciente, no irritarse aunque se reciban ataques, y si se tiene que corregir, hacerlo con mansedumbre.

Siempre debemos estar conscientes que es el alma de una persona con la que estamos tratando.

Por eso Pablo concluye diciendo: *"Por si quizá Dios les conceda que se arrepientan para conocer la verdad"*.

Las discusiones necias para el autor, espiritualmente hablando, destruyen a los oyentes: *"Adviérteles delante de Dios que eviten las discusiones inútiles, pues no sirven nada más que para destruir a los oyentes"*.[8]

Ganaste una discusión, pero perdiste un alma. Les hiciste daño, los alejaste más de la verdad.

Es claro, para el lector honesto, que en Jesús, el amor debe ser el filtro por el que se pasan todas las doctrinas.

El amor a Dios y al prójimo es el corazón de la ley.

Toda doctrina, regla y toda diferencia debe pasar por este filtro.

Lo que debe unir a una comunidad, no es la doctrina, es el amor: *"Sobre todo, vístanse de amor, lo cual nos une a todos en perfecta armonía"*.[9]

Este es el espíritu.

Si no tenemos este espíritu, estaremos siempre en contra de todo y a favor de nada.

¿Sabemos de qué espíritu somos?

Al comparar el estilo de Elías con el de Jesús, tal vez nos preguntemos acerca de por qué se incluye en la Biblia esta forma de predicar.

16 Jesús por defecto

Creo que los modelos de Elías y Juan el Bautista tuvieron su momento en la revelación progresiva del plan de Dios.

Jesús es la culminación de esa revelación.

Esa revelación creó mucha confusión en los religiosos de su tiempo. Hasta Juan el Bautista no entiende a este Jesús que no se parece a los profetas del Antiguo Testamento.

Aún seguimos sin entender.

Las palabras de Jesús no pueden ser comparadas con las de Moisés. No son leyes.

Sus declaraciones acerca del divorcio, por ejemplo, las hemos identificado como ley, como un mandamiento en contra del divorcio, pero estas palabras de Jesús tenían más que ver con dignificar a la mujer, que con establecer una ley en contra del divorcio.

Jesús nos está haciendo una invitación a vivir de acuerdo al reino de Dios, con un corazón que ha sido atrapado por el amor del Padre.

Hay muchas referencias de Jesús, aparte del divorcio, que no pueden tomarse como ley...

Él habló de *sacarnos un ojo y cortarnos un brazo* si nos son ocasión de caer.

¿Qué del adulterio comparado con la lascivia?

¿Qué del enojo comparado con el asesinato?

Jesús nos está haciendo una invitación a vivir de acuerdo al reino de Dios, con un corazón que ha sido atrapado por el amor del Padre.

Las enseñanzas de Jesús nos hacen una invitación al tipo de vida que se desarrolla en el reino de los cielos.

Sus palabras en el sermón del monte no son una lista de leyes suplantando otra lista.

Tienen que ver con el corazón.

Parte desde allí.

Nos dice Jesús, que ese sea nuestro centro, nuestro motor.

Lo que Jesús anuncia es el amor de Dios.

Adornando Tumbas

Yugo fácil.
Muchas de las cosas que creemos y practicamos están basadas en una cultura cristiana, más que en las palabras de Jesús.

Él dijo que su yugo era fácil y su carga ligera.

Como en muchas ocasiones, Jesús utiliza una analogía del campo para llevarnos a entender su mensaje.

Al hablar del yugo está haciendo una comparación a la ley de Moisés y las tradiciones que los religiosos le habían agregado a esos mandamientos.

Los yugos que llevaban los animales del campo eran muy pesados.

Algunos, después de una larga jornada de trabajo caían exhaustos, así se sentía la gente con las leyes y tradiciones de los fariseos.

Pero Jesús insiste: *"mi yugo es fácil y ligera mi carga".[10]*

Si hay un "yugo", aunque tal vez Jesús no lo definiría así, es: *"que se amen los unos a los otros. Así como yo los he amado".[11]*

Pero este amor, dice el Maestro, los llevará a una justicia mayor que la de los fariseos.

Jesús espera de nosotros una constante disposición al amor y las buenas obras. Nos invita a escuchar ese llamado primitivo, esa invitación al tipo de vida que se encuentra en Él.

¿Es posible?

Creo que sí.

El profeta con corazón de poeta, lo vaticinó hace miles de años: *"El lobo vivirá con el cordero, el leopardo se echará con el cabrito, y juntos andarán el ternero y el cachorro de león y un niño pequeño los guiará. La vaca pastará con la osa, sus crías se echarán juntas y el león comerá paja con el buey. Jugará el niño de pecho junto a la cueva de la cobra y el recién destetado meterá la mano en el nido de la víbora…".[12]*

Nos haría tanto bien aprendernos este tipo de textos bíblicos, en vez de todos aquellos que tienen que ver con juicio y destrucción.

Referencias:
Jesús por defecto
1. 1Corintios 3:10. Versión RVR, 1960.
2. Lucas 9:54 Versión RVR, 1995.
3. Ibid 9:55
4. Mateo 7:15-20/Mateo 23
5. Spoto, Donald. *The hidden Jesus*. New York: ST. Martin's Press, 1998. Impreso. Pág. 139
6. Lucas 9:56. Versión RVR, 1960.
7. 2 Timoteo 2:24-25. Versión NVI (CST)
8. Ibid 2:14
9. Colosenses 3:14. Versión NTV.
10. Mateo 11:30. Versión RVR, 1960.
11. Juan 13:34. Versión NVI.
12. Isaías 11:6. Versión NVI.

17
Ninguna de las anteriores

Ninguna de las anteriores

Jesús no es un líder inseguro y egoísta de su obra.

Cuando otros llevaban a cabo milagros en su nombre, no se sentía amenazado.

"Maestro —dijo Juan—, vimos a uno que expulsaba demonios en tu nombre y se lo impedimos porque no es de los nuestros. No se lo impidan —replicó Jesús—. Nadie que haga un milagro en mi nombre puede a la vez hablar mal de mí. El que no está contra nosotros está a favor de nosotros".[1]

La actitud de los discípulos es sectarista, exclusiva: *"No es de los nuestros".*

Pero Jesús les responde: *"No se lo impidáis".*

Sus seguidores quieren detener esta actividad porque se erigen a sí mismos como jueces, desean actuar como la policía del mundo en las cosas espirituales.

Jesús nos quita esa carga de querer ser la policía del mundo, los *caza-herejes* y nos dice: *"No se lo impidan".*

Somos sus enviados a predicar el Evangelio, no a ser la policía del mundo.

La mejor manera de combatir una doctrina falsa es predicando la verdad, no atacando a los que, creemos, enseñan erradamente.

Aparte, Jesús les está diciendo algo muy importante: *ustedes no son los únicos.*

Hay más gente que está haciendo el bien y no tiene que pertenecer a nuestro círculo, no tiene que tener el sello de la iglesia de la que somos parte.

Esto me libera de estrés, no somos los únicos y no tenemos la franquicia del Evangelio.

De cierta manera, Jesús se está pronunciando en contra del tribalismo denominacional y doctrinal.

Tres vertientes.

Para entender mejor la propuesta de este capítulo, sugiero que nos situemos en la realidad de la iglesia actual.

Yo diría que hay tres vertientes ideológicas que se derivan del cristianismo protestante.

Sus características y progresión demuestran la necesidad de un re-nombramiento y re-definición.

La primera de estas vertientes es la fundamentalista.

Esta tiene su cuna en medio de las iglesias protestantes británicas y americanas de finales del Siglo XIX y principios del Siglo XX.

El surgimiento del fundamentalismo se dio en respuesta al modernismo y la teología liberal, especialmente en el tema de la inerrancia de la Biblia.

> **Somos sus enviados a predicar el Evangelio, no a ser la policía del mundo.**

Esta vertiente se mantiene en medio de diferentes denominaciones. Presbiterianos (aunque no todos), bautistas, pentecostales, entre otras. De igual manera, está presente a través de fuertes corrientes teológicas como el calvinismo y doctrinas reformadas.

El fundamentalismo no tolera cuestionamientos. No se deben poner en duda la autoridad y los principios absolutos. Llevan a la doctrina por encima del hombre.

En algunos casos actúan como la única religión verdadera (digo en algunos casos, porque conozco reformados que no tienen actitudes sectarias).

Lo que sí es cierto, y la historia lo demuestra es que, a través del tiempo, los graves errores de la iglesia tienen rostro fundamentalista. Han sido promotores de la esclavitud, el racismo, la homofobia y el proselitismo extremo, por mencionar solo algunos.

El hermetismo característico de las iglesias fundamentalistas dio paso a una nueva vertiente.

La iglesia conservadora.

Esta continúa la narrativa de los fundamentalistas, pero se ha vuelto un poco más tolerante. Ha buscado la renovación porque se ha sentido intransigente ante un mundo que rechaza el autoritarismo y los conceptos absolutistas. Ha aceptado algunas cosas que sus padres rechazaban, pero su renovación ha sido más estética que de fondo, es decir, se ha modernizado en formas y métodos; música contemporánea, arquitectura moderna, sus líderes visten relajados y actuales, aunque siguen defendiendo muchas tradiciones fundamentalistas tratando de permanecer fieles a sus antepasados.

La forma tajante y autoritaria de tratar ciertos temas muestra su origen fundamentalista.

La mayoría de las mega-iglesias en Latinoamérica son de línea conservadora.

Viven en una lucha constante.

Por lo general, el líder conservador es un *malabarista* que busca mantener el equilibrio tratando de no ofender al cristiano fundamentalista que forma parte de sus reuniones, y a la vez intenta ser lo suficientemente abierto para alcanzar a los nuevos.

Este *tejemaneje* ha llevado a una nueva generación a preguntarse si esa es la manera correcta de llevar a cabo la misión de la iglesia, y ha provocado una nueva vertiente: la iglesia progresista emergente.

El movimiento emergente no tiene nombre, es decir, no son un grupo de congregaciones homogéneas, es más, hasta donde les es posible tratan de mantenerse alejados de las asociaciones para no caer en los errores de sus antepasados.

El movimiento progresista, aunque es reaccionario, respeta la fe de sus padres, los conservadores, aunque no la adora.

Ajusta la narrativa a su entorno.

Están buscando renovar la iglesia, pero algunos líderes *mueren* en el proceso.

Son caudillos que entregaron su vida por una causa que no verán cumplirse hasta mucho tiempo después.

Hay un temor mal fundado en ciertos lugares acerca de la iglesia y la teología emergentes.

Se nos olvida que toda hermenéutica ha sido emergente en

algún momento.

Creo que es sano, tener este tipo de propuestas.

El péndulo de la teología.
Con el paso de los años he aprendido a ver la teología como un péndulo.

Hay momentos en los que la conservadora o fundamentalista se cierra tanto al mundo, que es necesario que el péndulo se mueva al otro lado. Al principio la teología emergente puede sonar herética, pero es la única manera de mover el péndulo hacia algo más equilibrado.

No tenemos el espacio para dar muchos ejemplos de este péndulo, pero siempre se ha manifestado.

Durante la década de los ochentas y los noventas, por ejemplo, el movimiento teológico *Jesus Seminar* tuvo un fuerte apogeo, especialmente en círculos académicos. El grupo cuestionaba muchas cosas acerca de Jesús, incluyendo su realidad histórica y la veracidad de no pocos de sus actos y palabras.

En mis años de seminario me tocó ser parte de bastantes discusiones acaloradas que mostraban el rechazo a una corriente que se consideraba herética.

Lo que este movimiento teológico de izquierda provocó, fue que la teología reformada y su lucha por defender la autenticidad del texto bíblico cobraran fuerza. En un sentido, esta última trajo algo de equilibrio, regresó el péndulo a su lugar.

Aquí es importante entender que toda teología tiende a irse a los extremos.

Aunque amo y respeto a mis hermanos reformados, calvinistas o neo-calvinistas, creo que muchos de los pleitos entre cristianos surgen de esta teología de derecha que se ha vuelto intolerante a otros puntos de vista.

Esto ha provocado el surgimiento de la teología emergente.

Después de algún tiempo, veremos el resultado positivo que la

Ninguna de las anteriores

teología emergente tendrá sobre la iglesia.

Kester Brewin, en su libro *Signs of Emergence* [2] argumenta que de la misma manera que el movimiento de música punk en los setentas, el cual en su forma más pura fue rechazado y duró poco, tuvo una influencia muy marcada en la música popular; desde bandas como U2 hasta Beasty Boys, ven al movimiento de música punk como una gran influencia sobre sus sonidos.

El movimiento emergente será clave para lo que sucederá en la iglesia en las décadas venideras.

Es mi convicción, porque lo he notado en mis lecturas de teología emergente, que el corazón de este movimiento es más pastoral que teológico. Tienen una carga por el mundo y están dispuestos a ser catalogados como herejes para comunicar el mensaje de Jesús.

El movimiento emergente será clave para lo que sucederá en la iglesia en las décadas venideras.

La iglesia del futuro.

¿Cuál es la iglesia del futuro?

¿A qué iglesia irán nuestros hijos y nuestros nietos?

¿Fundamentalista? ¿Conservadora? ¿Progresista? Me aventuro a decir que ninguna de las anteriores.

Debe surgir una nueva categoría que exprese el sentir y la fe de una nueva generación.

Esta nueva categoría debe ser más honesta y entender que la realidad espiritual está evolucionando, expandiéndose y constantemente cambiando su rostro.

Creo, y es la esperanza de mi corazón, que la iglesia de nuestros hijos será una iglesia más cercana al corazón y al mensaje de Jesús.

Jesús, como palabra viva, se adapta a las características de cada edad.

Todo en nuestro mundo está cambiando.

El universo se está expandiendo, no está estático.

La luz que recibimos de las estrellas es cosa del pasado.

¿Por qué vamos a hacer del cristianismo algo estático, cuando Dios mismo no lo es?

La razón por la que Juan se confunde, y no sabe si Jesús era realmente el Mesías, era porque no actuó de acuerdo a lo que él esperaba.

El Bautista no entendió que había un plan en movimiento.

Uno que se va adaptando a nuestra capacidad de entender las cosas.

Cuando se estableció la ley y se dijo, *"ojo por ojo"*,[3] la gente comprendió y poco a poco empezaron a ver los beneficios de la regla, porque en ese tiempo no era ojo por ojo, sino era ojo por vida, ojo por familia, ojo por una aldea.

Miles de años después, Jesús nos da un mensaje distinto, nos dice: *"Si alguien te da una bofetada en la mejilla derecha, vuélvele también la otra"*.[4]

Estas palabras, cinco milenios antes, la gente no las hubiera entendido porque aún no tenían el entendimiento moral para digerirlas.

La progresión continúa.

Hay cosas que nosotros todavía no entendemos, pero que nuestros hijos entenderán.

Las discusiones teológicas y sin sentido dejarán de cobrar importancia porque nuestros hijos seguirán a Jesús.

En países más desarrollados, los *mileniales* están dejando las iglesias tradicionales porque no ven honestidad en la forma de creer.

Los amigos de Job.

El síndrome de los amigos de Job es uno de los problemas de la iglesia contemporánea. Mentimos a favor de Dios.

Así responde Job a sus amigos, cuando tratando de ayudar a Dios, arman una serie de argumentos teológicos:

"¿Acaso defienden a Dios con mentiras? ¿Presentan argumentos engañosos en su nombre?

17 Ninguna de las anteriores

¿Mostrarán parcialid*ad en su testimonio a favor de Él? ¿Serán los abogados defensores de Dios?*

¿Qué ocurrirá cuando se descubra lo que hacen? ¿Creen que pueden engañarlo tan fácilmente como lo hacen con la gente? Si *en secreto hacen inclinar los testimonios a su favor, ciertamente se meterán en problemas con Él.*

¿No les da terror su majestad? ¿No los deja abru*mados el temor que sienten por Él?*

Sus frases vacías valen tanto como las cenizas; su defensa es tan frágil como una vasija de barro".[5]

En la iglesia nos hemos convertido en esto, en los amigos de Job, defendiendo a Dios con mentiras, con argumentos tendenciosos. Pero la iglesia de nuestros hijos superará esta inmadurez nuestra.

Ellos seguirán a Jesús.

Entenderán que solo cuando le seguimos a Él, nuestra justicia sobrepasará a la de los fariseos.

La iglesia nos ha llevado a ver nuestra conducta externa como señal de espiritualidad, pero cualquier escuela militar podría llevarnos a ser personas que viven por reglas sin ser espirituales.

La iglesia de nuestros hijos se enfocará en la vida espiritual interna, esta es la que produce la verdadera vida y se manifiesta en comunidad.

¡El daño que el idealismo ha provocado a la iglesia!

Los absolutos en la forma de vivir que muchas congregaciones enseñan, como *todo o nada, 100% de pureza*; se convierten en una piedra de tropiezo para muchos.

El ideal no puede ser la norma.

La debilidad debe serlo.

El idealismo provoca frustración, la debilidad nos lleva a caminar hacia el ideal.

Jesús no escogió a sus discípulos por su superioridad moral.

Tanto el Antiguo Testamento como el Nuevo, están repletos

de hombres y mujeres que Dios llamó y que estaban muy lejos del estándar que predicamos.

Confundimos justicia con arrogancia moral.

Referencias:
Ninguna de las anteriores
1. Marcos 9:38 -40. Versión NVI.
2. Brewin, Kester. *Signs of emergence*. Grand Rapids Michigan: Baker books, 2007. Impreso.
3. Éxodo 21:24. Versión RVR, 1960.
4. Mateo 5:39. Versión NVI.
5. Job 13:7-12. Versión NTV.

18
Fe
fragmentada

La fe debería ser como una bella melodía.

Para disfrutar una melodía no es necesario saber teoría, leer o escribir música; solo basta con tener oídos.

La gente que no comparte nuestra fe y no sabe nada de su complejidad, al verla en acción debería disfrutarla como una bella melodía.

Pero la fe de muchos está lejos de serlo, hay mucha desarmonía.

La experiencia cristiana moderna sufre de incoherencia. En algunos casos se ha desintegrado, ha perdido la consistencia que necesita para mantenerse firme.

Como una bella canción que se interpreta con varios instrumentos, la fe solo es armónica cuando todos los elementos están presentes y de acuerdo.

Este tipo de fe se ha perdido, y esto ha ocurrido porque la hemos fragmentado.

Hemos escogido solo una parte, o fragmentos de ella y nos hemos olvidado del resto.

Algunos han escogido un pedazo de la fe y lo han hecho el todo, pero practicar solo una parte de la fe hace más daño que bien.

Mi deseo es que, al analizar todo el cuadro de la fe, puedas darte cuenta si la practicas de manera fragmentada.

Veamos los diferentes aspectos de la fe.

En el cuadro total, el credo es el punto de partida, aunque no es la fe completa.

Hebreos dice que no podemos agradar a Dios si no tenemos fe como credo:

"En realidad, sin fe es imposible agradar a Dios, ya que cualquiera que se acerca a Dios tiene que creer que Él existe y que recompensa a quienes lo buscan".[1]

No puedo tener una fe consistente, si no tengo fe como credo. El concilio de Nicea (año 325) estableció la primera declaración de credo.

Fe fragmentada

Credo de los apóstoles: Creo en Dios, Padre Todopoderoso, creador del cielo y de la tierra. Creo en Jesucristo, su único hijo, nuestro Señor. Que fue concebido por obra y gracia del Espíritu Santo, nació de Santa María virgen, padeció bajo el poder de Poncio Pilato, fue crucificado, muerto y sepultado, descendió a los infiernos, al tercer día resucitó de entre los muertos, subió a los cielos y está sentado a la derecha de Dios, Padre Todopoderoso. Desde allí ha de venir a juzgar a vivos y muertos. Creo en el Espíritu Santo, la santa iglesia católica, la comunión de los santos, el perdón de los pecados, la resurrección de la carne y la vida eterna. Amén. (Catholicae, n.d)

A través de los siglos, otros credos han surgido y se modifican de acuerdo a la teología que abrazan sus proponentes.

Aunque creo que la doctrina es importante y que debemos saber qué es lo que creemos, este tipo de fe no lo es todo. De hecho, como hemos dicho en capítulos anteriores, los primeros cristianos más que tener una fe basada en la doctrina, la tenían basada en el conocimiento de Jesús y en la necesidad de comunidad.

Nuestro credo a veces se puede convertir en un problema porque nos lleva a ser orgullosos y excluyentes.

Aun así, hay personas que han hecho de la fe como credo, el todo.

Hay gente obsesionada con la doctrina, y actúa como que lo único que a Dios le importa, es que creamos correctamente.

La verdad es que a Dios no le interesa eso.

Dios quiere que creas correctamente, pero no tiene en sus manos una hoja de chequeo revisando aquello que crees o no crees.

Hay cosas inamovibles en nuestros credos y debemos abrazarlas, pero hay otras que continúan definiéndose; algunas más que se expanden dependiendo del tiempo que estamos viviendo.

Nuestro credo a veces se puede convertir en un problema porque nos lleva a ser orgullosos y excluyentes.

Jesús demostró en su ministerio terrenal que no estaba obsesionado con las doctrinas.

Con frecuencia pasaba por alto pasajes que eran importantes para los fariseos.

Por causa del hombre.

Con Jesús se da inicio una etapa en la quealgunas cosas de la ley quedaron atrás o se reinterpretaron.

Cuando los fariseos criticaban a los discípulos por recoger espigas de trigo en el día de reposo, Jesús les dijo que: *"el sábado (ley, doctrina Agregado por el autor) fue hecho por causa del hombre y no el hombre por causa del sábado"*.[2]

Al hablar de esta manera, Él estaba haciendo una declaración muy importante. El hombre está sobre la doctrina.

Es decir, el credo, la doctrina, la teología, no fueron hechos para perjudicar al hombre, sino para ayudarlo, pero los fariseos estaban haciendo exactamente lo opuesto. Habían convertido al hombre en un peón que servía a la ley.

Esta ruptura de la importancia del ser humano y lo relativo de algunas leyes o doctrinas, lo encontramos en la visión de Pedro.

Pedro tiene un tipo de éxtasis en el que ve descender un lienzo del cielo donde hay todo tipo de animales inmundos, una voz le dice: *"Mata y come"*, pero él, como todo judío que cumple con la ley, responde: *"¡De ninguna manera Señor! Jamás ha entrado en mi boca algo impuro o inmundo"*. La voz insiste: *"Lo que Dios ha purificado, tú no lo llames impuro"*.[3]

Por supuesto que esta experiencia de Pedro lo lleva a entender que el mensaje del Evangelio era también para los gentiles (inmundos), y no solo para los judíos.

La letra por sí sola mata.

La realidad es que podemos creer todas las cosas correctas y seguir lejos de Dios, seguir atados.

Pablo hablando del conocimiento de ciertos principios, dijo:

"...Porque la letra mata, más el espíritu vivifica"[4]

18 Fe fragmentada

Al decir *"el Espíritu vivifica"*, está hablando de la importancia de una vida espiritual, más que el conocimiento de ciertas doctrinas. La letra por sí sola mata.

Otro tipo de fe es la fidelidad.

En este, expresamos nuestra fidelidad hacia Dios.

La mejor manera de entenderlo, es haciendo el paralelo con la fidelidad que debe haber en una pareja.

Cuando te casas, prometes tenerla hacia tu cónyuge. Esto es fe, manifestada en fidelidad.

Todos hemos escuchado la expresión *actuar de buena fe,* este es un término legal.

Cuando empezaste tu camino de fe le dijiste a Jesús, *te seguiré y seré tu discípulo.*

Cuando cumplimos, estamos viviendo la fe.

Se llevó a cabo una encuesta de investigación con cien hombres que asistían regularmente a la iglesia y otros cien que no lo hacían, analizando la ética laboral de ambos grupos. Después de la investigación, se concluyó que no había diferencia entre la ética laboral del hombre que va a la iglesia y del hombre no religioso.

Esto es falta de fe como fidelidad.

La fe como fidelidad de nuestra parte es la entrega del yo en su nivel más profundo, dándole a Dios nuestra lealtad y nuestro compromiso.

Hay personas que profesan tener fe pero sus actos lo niegan.

Lo opuesto a este tipo de fe no es la duda, sino la infidelidad.

Cuando Jesús dijo: *"Generación perversa y adúltera"*,[5] no estaba hablando de relaciones sexuales fuera del matrimonio.

Está hablando de infidelidad en contra de Dios. Los judíos habían declarado que iban a amar y obedecer sus mandamientos, pero fallaron.

Este tipo de fe significa ponerle atención a tu relación con Dios obedeciendo su palabra y su ejemplo. Rechazando lo que Él rechaza: la injusticia, el doble ánimo, la hipocresía, el pecado, la discriminación. Amar lo que Él ama: la pureza, la justicia, la compasión.

Fe que no sirve.
Santiago escribe acerca de este tipo de fe: *"¿De qué sirve, hermanos míos, si alguno dice que tiene fe, pero no tiene obras? ¿Acaso puede esa fe salvarlo?".*[6]

Es una pregunta retórica a la que él mismo responde: *"Esa fe no sirve de nada",*[7] no salva.

Tal vez alguien diga: *pero yo tengo la doctrina correcta, sé las cosas correctas, lo más importante es la teología.* Santiago entonces le responde: *"Tú crees que Dios es uno; bien haces. También los demonios creen, y tiemblan".*[8]

No es suficiente creer ciertas verdades, los demonios también las creen y tiemblan.

Tengo que demostrar el carácter de Dios para el mundo, su amor, su misericordia.

Debo preocuparme por las cosas que le preocupan a Dios; los pobres, las viudas, los huérfanos, los necesitados, los marginados.

A esto se refiere Santiago cuando dice que *la fe sin obras es muerta.*

Si yo no hago nada por los demás y vivo para mí, no importa qué tan sana sea mi doctrina, mi fe es muerta.

Si no tienes compasión por los perdidos y necesitados, no eres fiel a Dios, no tienes este tipo de fe.

Fe como confianza.
Creo que este tipo es el corazón de la fe misma; es lo que mantiene todo unido.

Esta fe no significa confiar en una serie de verdades o doctrinas que aprendimos, sino hacerlo en Dios.

Los bebés y los niños confían en sus padres, no por lo que ellos les enseñaron (de hecho, un bebé no entiende cuando le dices: *"te voy a cuidar"*), sino que a medida que pasa el tiempo se dan cuenta que sus padres los aman y quieren protegerlos, y desarrollan esa relación de confianza (fe).

Jesús nos enseñó a confiar en Dios como nuestro Padre.

18 Fe fragmentada

Nos guio a orar diciendo: *"Padre nuestro que estás en los cielos"*.[9]

Sé que a veces es difícil confiar en Dios, pero esta fe se trata de aprender a hacerlo y descansar en Él.

Lo opuesto a este tipo de fe no es la duda sino el temor.

Uno de mis versos favoritos en la Biblia es: *"Estad quietos y conoced que yo soy Dios"*.[10]

En medio del temor que me paraliza, en medio de la incertidumbre, tengo que quedarme quieto y confiar en Él.

Jesús insistió en llevarnos a este tipo de fe y confianza:

"Fíjense en las aves del cielo: no siembran ni cosechan ni almacenan en graneros; sin embargo, el Padre celestial las alimenta. ¿No valen ustedes mucho más que ellas?"[11]

Confía en mí, confía en Dios, te dice Jesús.

Si yo no hago nada por los demás y vivo para mí, no importa qué tan sana sea mi doctrina, mi fe es muerta.

La cantidad de ansiedad que estamos experimentando, puede ser una evidencia de la falta de fe como confianza.

Este tipo de fe tiene poder transformador. Te hace libre, libre de ansiedad.

El crecimiento en fe como confianza, echa fuera el temor.

Jesús, en la cruz, experimentó el temor y la soledad como todos. Su oración al Padre donde le dice: *"¿Por qué me has desamparado?"*,[12] demuestra su soledad; pero la fe que Jesús tenía en Dios se sobrepone a sus temores. Momentos después le expresa: *"Padre, en tus manos encomiendo mi espíritu"*.[13]

El tener este tipo de fe nos lleva a entender que Él terminará la obra que empezó en nosotros.

Hemos depositado la confianza en un redentor implacable y Él no abandona la obra de sus manos.

¡Créelo! ¡Vívelo!

Cuando la gente le falla a Dios y peca, pide perdón por sus

pecados. Allí debería terminar todo, pero no siempre es así. La futilidad, el temor y la frustración se apoderan de las personas. De hecho, lo que les hace más daño no es el pecado que cometieron, sino el sentimiento de culpa que continúa en ellos a pesar de haber pedido perdón. Le inundan pensamientos de derrota, *nunca podré cambiar,* o pierden la fe, sienten que Dios los abandonó, que Él ahora está fuera de la ecuación.

Se nos olvida que Él terminará la obra que empezó.

No olvides esta verdad. ¡Tu Dios es un redentor implacable! Si estuvo dispuesto a venir a la tierra y dar su vida por ti, cuánto más no hará para librarte de una tentación o un pecado.

Fe como comunidad.

Crecí en una iglesia católica, allí fui bautizado, hice mi primera comunión y cada vez que me acordaba iba a confesión. A medida que crecí me alejé de ella, aunque seguía creyendo en Dios.

Mi alejamiento no fue un rechazo a la iglesia, de hecho, tengo bonitos recuerdos de mi niñez en la iglesia católica.

Años después, mi mamá tuvo un encuentro con Dios en una iglesia protestante, y poco a poco, todos en casa, empezamos a ir allí. A mi padre le tomó tiempo digerirlo.

Aunque él era testigo del milagro que había tomado lugar en mi mamá que fue sanada de cáncer, y los cambios en sus hijos, su argumento era que al ir a una iglesia protestante estaría traicionando a su familia y a su fe católica.

Aunque no era un hombre con mucho conocimiento acerca de la fe católica, tenía cierta lealtad a la iglesia porque la veía como familia.

Entiendo perfectamente a mi padre. Creo que esa parte de la fe la entendía muy bien.

La fe se demuestra siendo parte de una comunidad.

Pablo habla de esta familia: *"Por lo tanto, siempre que tengamos la oportunidad, hagamos el bien a todos, y en especial a los de la familia de la fe".*[14]

18 Fe fragmentada

Hay muchos pasajes del texto bíblico que interpretamos como individuales, pero son de orden comunitario.

Empezando con el Padre nuestro, este insinúa la oración como algo comunitario.

Pasajes como llegar a *"la medida de la estatura de la plenitud de Cristo"*, de igual manera son interpretados como individuales, pero esa estatura se alcanza en comunidad.

Si no soy parte de una comunidad, estoy practicando una fe fragmentada, una fe incompleta.

De hecho, la comunidad es el lugar donde mi fe entra en acción.

Fe como actitud.
Cómo veo el mundo y cómo reacciono ante él.

Tal vez no pensamos que la manera de aproximarnos al mundo tiene que ver con fe, pero la fe sí cambia nuestra perspectiva del mundo.

Hay personas que ven la realidad del mundo como amenazante y hostil.

> **Si no soy parte de una comunidad, estoy practicando una fe fragmentada, una fe incompleta.**

El mundo es malo. El término clínico para esta manera de verlo sería *paranoia*.

Este tipo de personas perciben la vida llena de amenazas para su existencia; accidentes, enfermedades, traiciones, violencia, desempleo, pobreza. Aún su vida espiritual es derrotista; el pecado no se puede vencer.

Es gente que cree que todo va peor cada día; en muchos casos no solo el mundo, también la iglesia.

Hay muchos creyentes negativos.

La travesía del viajero del alba de C.S. Lewis, empieza diciendo: *"Había una vez un chico llamado Eustacio Clarence Scrubb (Fregar), y casi se merecía tal nombre. Sus papás le llamaban Eustacio Clarence y los profesores Scrubb. No puedo decirte cómo se dirigían a él sus amigos, porque no tenía. Él por su parte no llamaba a su padre y madre papá y* mamá, sino Haroldo y Alberta.

A Eustacio le gustaban los animales, especialmente los escarabajos, si estaban muertos y clavados con un alfiler en una cartulina".[15]

Eustacio era la negatividad encarnada. De su boca siempre salían comentarios adversos, nada le parecía, nada le alegraba.

Tuvo el privilegio de entrar a Narnia con sus primos Lucy y Edmundo, pero aún en este maravilloso lugar, lo único que hace es quejarse y quejarse de todo lo que está viendo.

Acaba de tener la experiencia más extraordinaria de su vida, y no encuentra nada más que hacer que escribir en su diario lo mal que le parece todo lo que está pasando.

De su boca sale tanto negativismo, como fuego, que después de haber dormido en una cueva, termina convirtiéndose en un dragón.

Así hay muchos creyentes que, aunque dicen tener fe, viven hundidos en la negatividad.

Dador de vida.

En cambio, hay personas que ven el mundo como dador de vida.

Esta es la manera de percibir el mundo como algo bueno: *"Por la fe entendemos que el universo fue formado por la palabra de Dios..."*[16]

Dios creó el mundo en el que nosotros vivimos, y a través de su hijo Jesús, sostiene todas las cosas.

Sí, hay dolor, enfermedad, gente cruel y despiadada, pero el mundo es un lugar bueno.

Vivimos en un mundo caído, donde el pecado nos afecta a todos, pero la gloria de Dios sigue llenando la tierra. Dios está presente.

Esta es fe como actitud, y cuando la tienes, aun el dolor puede verse como un regalo. Te lleva a abrazar el dolor como una herramienta que te llevará a algo bello.

Esta es una perspectiva de esperanza, de luz al final del túnel. Cuando tienes este tipo de fe, habrá cosas que te devastarán, te dolerán, pero no te derrotarán, porque crees en la bondad de Dios.

Esto nos lleva a ver el mundo como un regalo para nosotros. Lo hizo para nuestro bienestar. Lo hizo para hacernos felices.

Esta manera de ver el mundo te lleva a encontrar la bondad de Dios en la naturaleza y las personas. Serán evidentes muchos destellos de bondad.

Aunque puede crear conflictos teológicos en la mente de muchos, me gusta la propuesta de Richard Rohr acerca de enfocarnos en la bondad original en vez del pecado original.

Esto te lleva a ser más positivo, más alentador, más compasivo. Te das cuenta que estos destellos de belleza apuntan hacia un mundo perfecto, un cielo nuevo y una tierra nueva.

Tener fe es querer trabajar por un mundo mejor. Enfocarse en un ideal de cómo deben ser las cosas aquí en la tierra.

Esta es la fe con esperanza.

Hay muchas personas que viven en derrota, escasez, depresión, y con todo tipo de ataduras. Aun siendo creyentes...

En parte esto sucede porque, aunque conocieron al Señor, no tienen fe con una visión correcta del mundo.

Al final de todo, la fe tiene que ver con una persona: *"Y conoceréis la verdad, y la verdad os hará libres"*.[17]

Esa verdad, más que asentir intelectualmente a algo, está en Jesús, cuando lo seguimos a Él, seremos libres y viviremos esa fe completa.

Adornando Tumbas

Referencias:
Fe fragmentada
1. Hebreos 11:6. Versión NVI.
2. Marcos 2:27. Versión RVR, 1995.
3. Hechos 11:7-9. Versión NVI.
4. 2 Corintios 3:6. RVR, 1960.
5. Mateo 12:39
6. Santiago 2:14. Versión LBLA.
7. Ibid 2:17
8. Santiago 2:19. Versión RVR, 1960.
9. Mateo 6:9. Versión RVR, 1960.
10. Salmo 46:10. Versión RVR, 1960
11. Mateo 6:26. Versión NVI.
12. Mateo 27:46. Versión RVR, 1960.
13. Lucas 23:46. Versión RVR, 1960.
14. Gálatas 6:10. Versión NVI.
15. C.S Lewis. *Las Crónicas Narnia: La Travesía del Viajero del Alba.* New York: Rayo: Una rama de Harper Collins Publishers, 2005. Impreso. Pág. 443
16. Hebreos 11:3. Versión NVI.
17. Juan 8:32. Versión RVR, 1960.

19
Levadura

Jesús utiliza la analogía de la levadura para referirse al reino de Dios y el legalismo de los fariseos.

Interesante...

El reino de Dios y la religiosidad se pueden confundir.

Trigo y cizaña.

Piedad y apariencia de piedad.

Hay una línea muy delgada entre ambas.

Jesús nos advirtió de este peligro: *"Tengan cuidado [...] eviten la levadura de los fariseos..."*.[1]

Este debería ser uno de los avisos más importantes en la carrera de la vida cristiana: ¡Eviten la levadura de los fariseos!

Pero es difícil lograrlo.

La levadura se confunde con la harina.

El color y la consistencia son parecidos, y cuando se mezclan, es casi imposible distinguirlos.

En eso radica la sutileza del fariseísmo.

Podemos tener actitudes religiosas y no darnos cuenta.

El propósito de la levadura en la masa es inflar el pan.

La levadura es un ingrediente necesario al momento de hornear, pero innecesario en la fe.

Actitudes que inflan el ego.

Conociendo el corazón humano y cómo este nos lleva a la religiosidad, Jesús se pronuncia en contra de las actitudes que inflan el ego.

En contra del deseo de querer vernos más espirituales que los demás.

En contra de aparentar con el fin de impresionar.

En contra del falso sentido de justicia.

Mark Twain, que tenía dificultad con los religiosos, escuchó decir piadosamente a un hombre de negocios sin escrúpulos, que

tenía intenciones de ir al monte Sinaí y leer los diez mandamientos desde la cima, a lo que él respondió: *Tengo una mejor idea, ¿Por qué mejor no te quedas donde vives y los guardas?*
Tal vez ese hubiera sido el consejo de Jesús.
"Cuando des a los necesitados, no lo anuncies al son de trompeta, que no sepa tu izquierda lo que hace tu derecha".[2]
"Cuídense de no hacer sus obras de justicia delante de la gente para llamar la atención [...]", "Cuando oren, dijo Jesús, no sean como los religiosos, porque a ellos les encanta orar de pie en las sinagogas y en las esquinas de las plazas para que la gente los vea [...] entra en tu cuarto, cierra la puerta y ora a tu padre [...]",
"Cuando ayunen, no pongan cara triste como hacen los religiosos, que demudan sus rostros para mostrar que están ayunando".[3]

El fariseísmo no consiste en hacer cosas malas, sino en hacer cosas buenas, pero con la actitud equivocada.

Escondido, entre estas recomendaciones de Jesús está el espíritu religioso.
Ser vistos por los demás.
Mostrar su espiritualidad.
Llamar la atención.
Es importante señalar que las actividades de los ejemplos que Jesús utiliza, son buenas y necesarias; orar, ayunar, ofrendar; por eso es tan difícil identificar lo solapado de esta actitud.
El fariseísmo no consiste en hacer cosas malas, sino en hacer cosas buenas, pero con la actitud equivocada.
Tomando esto como marco, entendemos que nuestra vida espiritual puede ser falsa.
La levadura se esconde sutilmente en diferentes actitudes.

El religioso actúa enojado y sombrío.
Su falta de alegría se debe a que tiene un sentido de justicia fuera de lugar, haciendo cosas que Dios no le pidió, y dejando de hacer otras que Dios tampoco le pidió que dejara de hacer. *"Somos tan abominablemente serios, tan interesados en nuestro carácter que nos*

negamos a comportarnos como cristianos en las cosas superficiales de la vida... No es nuestra devoción a Dios, ni nuestra santidad la que nos hace rechazar el ser superficiales, sino nuestro deseo de impresionar a otros, que viene a convertirse en una clara señal de que somos fariseos".[4]

La palabra *superficial* en este contexto se refiere a la actitud de disfrutar la vida, algo que Dios espera de nosotros, pero el religioso se rehusa, se cree más piadoso que Dios.

Jesús era un hombre que disfrutaba de su existencia y enfrentó esta seriedad abominable con los fariseos de su tiempo.

"Porque vino Juan, que no comía ni bebía, y ellos dicen: "Tiene un demonio." Vino el Hijo del hombre, que come y bebe, y dicen: "Este es un glotón y un borracho...".[5]

La levadura no solo te impide disfrutar la vida, se opone a que otros la disfruten.

En casa tenemos dos perros, Corcho y Lázaro. A Corcho lo obtuvimos de cachorro y a Lázaro lo rescatamos cuando estaba al borde de la muerte. Por eso su nombre.

Corcho es un perro feliz y juguetón; corre, nada, y salta todo el día. Es un labrador, y en su ADN está impreso el deseo de cobrar la caza, así que casi siempre trae una pelota en el hocico, listo para que se la arrojemos. Termina el día agotado, duerme como piedra. Lo curioso de esto, es que a Lázaro en cambio parece molestarle el espíritu libre y juguetón de Corcho, se enoja con él cuando lo ve jugar, le ladra, le gruñe, en fin; cuando su camarada trata de divertirse, Lázaro es un aguafiestas.

Me hace pensar en muchos cristianos.

La libertad de los hijos de Dios es piedra de tropiezo para el religioso.

El apóstol Pablo escribió acerca de cómo tuvo que confrontar a los religiosos que estaban afectando a la iglesia:

"Mas ni aun Tito, que estaba conmigo, con todo y ser griego, fue obligado a circuncidarse; y esto a pesar de los falsos hermanos introducidos a escondidas que entraban para espiar nuestra libertad que tenemos en Cristo Jesús, para reducirnos a esclavitud".[6]

La palabra espiar es *kataskopos*, y significa: *Explorar, hacer una investigación tramposa. Espiar nuestra libertad.*

Al religioso no le gusta la libertad, quiere que la gente esté atada.

En mi propia carne he podido experimentar la investigación tramposa. Gente que busca en nuestros escritos, videos, predicaciones, y donde más se les ocurra, frases a través de las cuales arriban a conclusiones falsas.

Al religioso le aterra la libertad de los demás y buscan atarlos.

Mosquitos y camellos.

Jesús quería hacer ver a los fariseos la incongruencia en su manera de pensar y con una genialidad única les dice: *"...cuelan el mosquito, pero se tragan el camello!".*[7]

Como en la mayoría de sus enseñanzas, Jesús utiliza ejemplos que todos podemos entender.

Cuando el vino iba a ser servido, se tenía que filtrar, porque los mosquitos eran atraídos por el azúcar.

Lo hacían porque obviamente nadie quiere tomar vino con mosquitos, pero también porque los mosquitos, como muchos insectos, eran considerados inmundos: *"Todo insecto alado que tenga cuatro patas, tendréis por abominación".*[8]

El camello por otra parte, también era considerado un animal inmundo, es decir, de acuerdo a la ley, ambos animales debían evitarse, pero Jesús ingeniosamente les hace ver que muy cuidadosamente quitan los mosquitos, pero son tan pequeños que tienen que hacer un filtro (los religiosos eran escrupulosos al extremo), pero se tragaban algo tan obvio, tan grande como los camellos.

La sola imagen debió haber provocado hilaridad, como muchos de los ejemplos que Jesús daba.

El Maestro se está enfocando en la incongruencia de los fariseos.

Eso es lo que la levadura hace.

Provoca incongruencia.

Les presenta dos extremos en tamaño y los confronta con su pecado. Les hace ver que todas estas observaciones escrupulosas eran vanas, cuando se olvidan de lo que realmente importa.

Jesús quería hacerles caer en cuenta cómo evitaban violar las cosas más pequeñas de la ley, pero se olvidaban de lo más importante.

Los fariseos no solo cumplían las cosas pequeñas de la ley, le agregaban otras:

"*¡Ay de vosotros, escribas y fariseos, hipócritas!, porque pagáis el diezmo de la menta, del eneldo y del comino, y habéis descuidado los preceptos de más peso de la ley: la justicia, la misericordia y la fidelidad; y estas son las cosas que debíais haber hecho, sin descuidar aquellas*". [9]

El diezmo no se aplicaba a los condimentos mencionados por Jesús; eran muy pequeños. Solo se aplicaba a otros productos como, maíz, aceite, vino. Pero los fariseos querían verse tan justos que ponían atención a estas cosas. Jesús no les está diciendo que dejen de diezmar, de hecho, les dice que lo sigan haciendo, pero los confronta con diezmar el eneldo y olvidarse de la justicia, la misericordia y la fidelidad.

Lo que divide a los cristianos modernos no son las cosas grandes, sino las pequeñas, colaterales, periféricas, son mosquitos.

Los pleitos doctrinales en la iglesia se basan en filtrar mosquitos.

En muchas ocasiones Jesús acusó a los religiosos de ceguera, de vista obstruida: "*¿...Por qué miras la paja en el ojo de tu hermano y no echas de ver la viga que está en tu propio ojo?*". [10]

De nuevo, el mismo principio, no son las vigas las que me separan de mis hermanos, son las pajas; las pequeñas diferencias, lo periférico, lo colateral.

Maestros obsoletos.

Una de las formas de esconder la levadura es la palabrería.

El religioso que siempre quiere estar enseñando y corrigiendo a los demás.

Se esconde detrás del orgullo y cree que tiene un conocimiento exhaustivo en los temas espirituales.

Pero no podemos enseñar si no tenemos un espíritu enseñable... "*tú, pues, que enseñas a otro, ¿no te enseñas a ti mismo? ...*". [11]

19 Levadura

El instructor, siempre será un alumno, siempre está aprendiendo.

La actualización constante es un requisito para los que escogen la tarea de enseñar en nuestras escuelas.

Pablo está hablando al instructor y maestro que se volvió obsoleto porque dejó de aprender.

Uno de los engaños más grandes del religioso es pensar que ya lo sabe todo, y que su percepción de las cosas de Dios es totalmente acertada.

Así eran los fariseos.

No aceptaban nada que se saliera de su percepción de Dios.

De la misma manera muchos en la actualidad no aceptan nada que se salga de su tradición, su denominación, su cultura cristiana.

Lo que divide a los cristianos modernos no son las cosas grandes, sino las pequeñas, colaterales, periféricas, son mosquitos.

Fe simple.
Nos hemos olvidado de la fe simple.

Jesús había sanado a un ciego de nacimiento.[12]

Los fariseos están molestos porque lo hizo en sábado (mosquito). Decían: *Este hombre no viene de parte de Dios, no actúa como nosotros (*no es de nuestra tribu*), no habla como nosotros (*su doctrina es diferente*), es un pecador (*nosotros somos santos*) y no puede obrar milagros.*

Los fariseos empiezan a cuestionar al ciego que había recuperado la vista, pensando que todo era un engaño. Seguramente no era ciego, posiblemente fingió.

Llaman a sus padres y ellos confirman que en efecto había nacido ciego y Jesús lo había sanado.

Se ponen a cuestionar a los padres del ciego y al ciego: ¿Cómo te sanó? ¿Eres su discípulo? ¡Es un pecador, no pudo haberte sanado!

Y así responde el ciego:

"*Si es pecador, no lo sé; una cosa sé: que era ciego, ¡y ahora veo!*".

Adornando Tumbas

El argumento del antes ciego es teología humilde de sentido común. *Yo no sé si es pecador... Realmente no lo conozco, no creo que lo sea. No me pregunten de cosas que no sé, pero hay algo de lo que sí tengo certeza.* Su argumento es simple y práctico: *"Yo antes era ciego y ahora puedo ver".*

Prefiero a este tipo de gente que a mil maestros. Nuestras iglesias necesitan esta fe simple y aterrizada.

Pero al religioso no le gusta lo simple. Les gusta la fe complicada.

¿Quién pecó? ¿Este o sus padres para que naciera ciego?

¿Qué te hizo? ¿Cómo te sanó?

Parece que el hombre ya se incomoda y en tono de burla les dice: *¿Para qué quieren oírlo de nuevo? ¿Ustedes también quieren ser sus discípulos?*

Después los fariseos se enojaron y lo insultaron, y el hombre de nuevo responde con una fe sencilla:

"A mí me sanó los ojos, ¿Y ustedes ni siquiera saben de dónde proviene?... Desde el principio del mundo, nadie ha podido abrir los ojos de un ciego de nacimiento. Si este hombre no viniera de parte de Dios, no habría podido hacerlo".

Los fariseos concluyen con las palabras favoritas de un religioso

"Ellos replicaron: Tú que naciste sumido en pecado, ¿Vas a darnos lecciones? Y lo expulsaron".

¿Quién eres tú para enseñarme? ¿Dónde están tus credenciales? Nadie nos puede enseñar.

Cuando dejamos de aprender, dejamos de ser discípulos de este Dios que creó un universo que crece y se expande cada día más, un universo tan diverso que nunca lo entenderemos en su totalidad. Si no podemos hacerlo, ¿Qué nos hace pensar que lo sabemos todo en el tema de la fe?

Se ha dicho que el orgullo y el mal aliento son males que no nos damos cuenta que tenemos hasta que alguien nos lo hace saber; yo agregaría a esa lista la religiosidad.

Lucas relata la historia de Zaqueo y cómo este no podía ver a Jesús a causa de la multitud. [13]

19 Levadura

El cobrador de impuestos quería verlo, tal vez había escuchado historias de parte de algunos colegas que tuvieron un encuentro con Él y deseaba conocerlo, pero no puede a causa de los mismos que le seguían.

Aunque la descripción es literal, Zaqueo era bajo de estatura y no podía ver a Jesús. Hoy, en un sentido figurado, los seguidores de Jesús son un obstáculo para que otros lo vean.

El cristianismo tiene mal nombre, pero no por culpa de Jesús sino por sus seguidores.

A veces los cristianos le causan más problemas al Evangelio que sus opositores.

Jesús ha sobrevivido a todo esto y seguirá sobreviviendo.

Al final del día, Jesús estará más del lado de un pecador que de un cristiano orgulloso.

Referencias:
Levadura
1. Mateo 16:6. Versión NVI.
2. Mateo 6:5-6. Versión NBD.
3. Mateo 6:1,3,16.
4. Chambers, Oswald. *Daily thoughts for disciples.* Grand Rapids: Zondervan, 1976. Impreso (octubre 13 Devocional anual)
5. Mateo 11:18-19. Versión NVI.
6. Gálatas 2:3-4. Versión RVR, 1960.
7. Mateo 23:24. Versión NBHL.
8. Levíticos 11:23. Versión RVR, 1960.
9. Mateo 23:23. Versión LBLA.
10. Mateo 7:3. Versión RVR, 1960.
11. Romanos 2:21. Versión RVR, 1960.
12. Juan 9:1-34. Versión RVR, 1960.
13. Lucas 19:13. Versión RVR, 1960.

20
Viviendo la encarnación

20. Viviendo la encarnación

No hay mejor señal de vida que el cambiar.

Dejar de cambiar es morir.

Si no cambiamos nos quedaremos en la periferia, nos veremos oscuros y fuera de contacto con la realidad.

Mucho se ha utilizado la analogía de los ferrocarriles y su eventual bancarrota porque no se actualizaron.

Se olvidaron que su propósito era transportar gente.

Las aerolíneas vinieron a desplazarlos y dejarlos sin trabajo.

Esto no hubiera sucedido si los dueños de los ferrocarriles se hubieran actualizado.

Ahora los ferrocarriles son para gente nostálgica que quiere revivir el sentimiento de una época pasada.

Aunque en algunos lugares los trenes rápidos han tenido un repunte, la mayoría de estos son una atracción turística, un medio para dar un paseo para admirar paisajes, pero si el objetivo es llegar a cierto lugar, es preferible hacerlo en avión.

El propósito de la iglesia es comunicar el mensaje de las buenas nuevas al mundo, si nos olvidamos de esto nos perderemos.

Comunicar el mensaje del Evangelio requiere actualización.

La siguiente declaración es importante para aquellos que estamos comprometidos a compartir el Evangelio.

"Si profesamos con las voces más fuertes y la exposición más clara cada porción de la verdad de Dios, excepto precisamente ese pequeño punto que el mundo y el diablo están en el momento atacando, no estoy profesando a Cristo; no importa con qué tanto denuedo esté profesando a Cristo".[1]

Estas palabras son de alguien que entendía la importancia de actualizarse y tener una cosmovisión correcta, alguien que entendía que dicha cosmovisión y nuestra manera de comunicar, cambian a medida que el mundo se transforma.

Lo más sorprendente de esta declaración es que la hizo Martín

Adornando Tumbas

Lutero hace 500 años, y sigue siendo tan verdadera hoy, como lo fue en sus tiempos.

Cosmovisión.
Cosmovisión es un concepto fundamental de la filosofía alemana (Weltanschauung) y tiene que ver con la manera como percibimos el mundo.

Es una imagen general de la realidad del mundo en una época determinada. Incluye conceptos, valores, percepciones sobre el entorno en el que estamos viviendo.

El ministerio de Jesús y su manera de comunicar iban de acuerdo a una época determinada.

De la misma manera, la cosmovisión de Pablo era de acuerdo al tiempo y al lugar en el que vivió.

Algunas de las cosas que el apóstol escribió, ahora podrían sonarnos sexistas, se refiere a la mujer de maneras que ahora serían inaceptables, pero que dentro del contexto en el que Pablo vivió era entendible.

Si su consejo a los esclavos de someterse a sus amos se escribiera en este siglo, sería considerada una actitud retrógrada.

Él no estaba a favor de la esclavitud, de hecho, el mensaje a través de toda la Biblia tiene que ver con ser libres de ella, Pablo sabía esto, pero la esclavitud era parte de la cultura.

Las epístolas de Pablo serían muy distintas si las hubiera escrito en el Siglo XXI.

A través de la encarnación, Jesús se adapta a una cultura específica y a un tiempo específico.

El mensaje y la vida de Jesús tendrían matices distintos si hubiera nacido en otra cultura.

Si la vida de Jesús hubiera tomado lugar en México, el pan de la cena del Señor sería una tortilla, y el vino sería tequila. ¿Suena a herejía? No, suena a encarnación.

Cada cultura a través de los siglos ha tratado de adaptar a Jesús

Viviendo la encarnación

a su historia, a su idiosincrasia, a su contexto. Por eso el *Cristo negro* o el *Cristo chino*.

Cada raza se apropia de Jesús.

El Cristo del imperialismo era anglosajón y las implicaciones de esto siguen persiguiendo a los países conquistados.

En Estados Unidos se cree en un Cristo blanco, nacionalista y republicano.

Como ya vimos anteriormente, en Latinoamérica, la teología de la liberación, hacía que Jesús se pareciera al Che Guevara.

Dentro de todas estas variantes se ve la necesidad de contextualizar el mensaje de Jesús.

Si la vida de Jesús hubiera tomado lugar en México, el pan de la cena del Señor sería una tortilla, y el vino sería tequila. ¿Suena a herejía? No, suena a encarnación.

La iglesia: morir y reencarnarse.

En un sentido, como Jesús, cada cierto tiempo la iglesia debe morir y encarnarse de nuevo a la cultura que le tocó vivir.

Cuando tratemos de experimentar y comunicar una fe con una cosmovisión arcaica, seremos poco efectivos.

Una cosmovisión actualizada nos ayudará a interpretar nuestra fe y definirá la manera en la que actuamos en áreas de política, economía, ciencia, moralidad, y por supuesto, religión.

N. T. Wright dijo: *"durante demasiado tiempo hemos estado leyendo las Escrituras con ojos del Siglo XIX y con preguntas del Siglo XVI, es tiempo de volver a leerlas pero con ojos del Siglo I y preguntas del Siglo XXI"*.[2]

Los tiempos cambian, y aunque la palabra de Dios no cambia, debemos entender cómo vivir en los tiempos en los que estamos.

Hace muchos siglos, cuando el pueblo de Israel estaba en cautiverio sufriendo situaciones difíciles, se hicieron una pregunta:

"Nuestras rebeliones y nuestros pecados están sobre nosotros, y a causa

de ellos somos consumidos; ¿Cómo, pues, viviremos?" ³
¿Cómo pues viviremos?
En 1976, Francis Schaeffer, haciendo eco de estas palabras, publicó el libro *"¿Cómo debemos vivir entonces?".*
En 1999, veintitrés años después de Schaeffer, Charles Colson publicó el libro *"¿Y ahora cómo viviremos?",* tratando de re-interpretar para esta generación una cosmovisión cristiana que se adapte a la realidad del mundo que estamos viviendo.
Francis Schaeffer, hablando de los cambios que se deben dar en la iglesia y lo difícil que es transformar una cosmovisión, explicó el proceso de actualización de la siguiente manera:
Dijo que los cambios en el mundo tienen su origen en la mente de los filósofos. Después de un tiempo, ese cambio se ve reflejado en el arte, de allí se pasa a la música, luego lo abraza la cultura popular, y al final de todo este proceso, el cambio llega a la teología. Él sostenía que este proceso toma varias décadas.⁴
Muchos de los cambios que toman lugar en el mundo, a veces pasan desapercibidos para la iglesia.
De repente, un día nos encontramos con un mundo que ha cambiado totalmente y nos ven a nosotros como en las cavernas.
Si la iglesia pusiera atención a lo que el mundo está hablando, estaríamos más capacitados para comunicar de una manera efectiva.

Vínculos con el mundo.
Nunca tendremos la cosmovisión correcta si rechazamos todo lo que el mundo dice.
Al tener esta actitud, rechazamos los vínculos que nos pueden conectar con el mundo.
La filosofía, el arte, la música y la cultura popular son temas que los cristianos, más que nadie, necesitamos entender.
El arte que surgió a finales del Siglo XIX y parte del Siglo XX, es conocido como arte moderno.
Este tipo de arte se asocia con la mentalidad que estaba haciendo a un lado las tradiciones con la idea de experimentar.

Viviendo la encarnación

Los artistas jugaban con nuevas maneras de ver el mundo.

De cierta manera, ese tipo de arte representaba la idea de alejarse de la narrativa común e ir más hacia una nueva manera de entender el mundo.

El arte moderno expresaba los pensamientos de los filósofos que habían empezado a hablar en contra del *status quo*, en contra de la norma.

Pablo Picasso pintaba de la manera que lo hacía, no porque no supiera pintar; más bien era parte de un movimiento artístico (cubismo) que rompía con la pintura tradicional, rechazando en cierto sentido las formas establecidas de expresar la realidad del mundo.

Muchos de los cambios que toman lugar en el mundo, a veces pasan desapercibidos para la iglesia.

Cuando John Lennon escribió y grabó la canción *Imagine*, estaba tomando una idea que había surgido tiempo atrás en la mente de los filósofos y de allí la pasó al arte, en este caso, la música.

Esta canción del *Beatle* obedecía a esa actitud y se pronunciaba en contra de la religión, la guerra, y la división del mundo en naciones.

Curiosamente, cuarenta años después, los cristianos hemos entendido en parte la canción de Lennon, y nos hemos empezado a pronunciar en contra de la religión. Es muy común ahora escuchar temas musicales populares cristianos hablando en contra de la actitud puritana y separatista de la religión.

"Jesús es relación, no religión", dicen muchos creyentes, pensando que están manifestando algo nuevo. Pero, ¿Por qué nos tomó tanto tiempo entenderlo?

Porque no escuchamos al mundo dentro de la *ciudadela*.

¿Cuáles son los puntos de conflicto en nuestros días?
¿Cuáles son los temas en boga?
¿Qué opinión tiene el mundo de la Biblia?

¿Qué opinión tiene el mundo de la iglesia?
¿Qué lenguaje está hablando el mundo?

Para tener una cosmovisión correcta y comunicar efectivamente a este mundo, es necesario salir de la ciudadela y vivir en el exterior.

Todo aquel que trate de tener la cosmovisión correcta, será catalogado de hereje.

Un corazón pastoral.

Hay algo que he notado en muchos de los autores que son considerados *falsos profetas* por los *caza-herejes*; reflejan un corazón pastoral.

Están buscando maneras de conectarse con el mundo y alcanzarlo.

Hay una tendencia en la iglesia de desconectarse con el mundo al punto de rechazar la verdad cuando no tiene el sello cristiano, o el de nuestra denominación.

Esto nos mantiene atrasados.

Cuando escribía este capítulo estaba en el proceso de buscar una agencia nueva para patrocinar a otro niño.

Al investigar sobre las diferentes opciones en internet, leí la misión de cada una de estas agencias y lo que hacían.

Como es de esperarse, la mayoría de ellas proveían alimentos, ropa y hasta educación para los pequeños patrocinados. Una excelente labor.

Pero en el proceso me *pillé* a mí mismo rechazando opciones; la verdad, porque no tenían el sello de la iglesia.

Me di cuenta que no me decidía a quién ayudar porque las agencias no decían específicamente que a los niños les enseñaban la Biblia. En ese momento me percaté que yo mismo padecía de lo que estaba escribiendo.

Por supuesto que estoy a favor de que a los niños se les enseñen principios bíblicos, pero a la vez debo apoyar a agencias que hacen todo lo antes mencionado, aunque no enseñen Biblia.

Viviendo la encarnación

El sello de la iglesia.
Este rechazo de la verdad, porque no tiene el sello de la iglesia, va mucho más allá.

Hay un temor, mal fundado, que nos lleva a creer que, si escuchamos al mundo, nos vamos a contaminar.

Es que no es arte cristiano, es que no es una escuela cristiana, es que no es una organización cristiana.

Aun juntarse o hacer amistad con gente que piensa distinto, lo ven como contaminarse, como hacerse menos santos.

Así eran los fariseos, en cambio Jesús se juntaba con gente que era de reputación dudable.

Nos catalogamos como celosos de la verdad, pero solo aceptamos una versión de ella.

Se nos olvida que toda la verdad viene de Dios.

El sector extremo de la iglesia evangélica latinoamericana ha rechazado símbolos cristianos, porque son compartidos por nuestros hermanos católicos.

Rechazan la cruz, las velas, iconografías, oraciones litúrgicas...

Si no tiene nuestro sello, no es válido.

De una manera indirecta rechazan el cuidado al medio ambiente porque es una causa que ha sido abanderada por grupos de izquierda o liberales.

Hay cristianos que ven el amar la naturaleza y *abrazar un árbol* como panteísmo.

Botan el pañal con todo y bebé.

Fue Dios el que nos dijo que guardemos la tierra.

Una cosmovisión correcta te ayudará a navegar este mundo sin comprometer tus principios, pero a la vez sonarás cuerdo y relevante.

Referencias:
Viviendo la encarnación
1. Francis Schaeffer. *Trilogy.* Wheaton Illinois, Crossway. 1990. Pág. 11.
2. N. T Wright. *Justification: God's plan and Paul's vision.* Downers Grove Illinois. Intervarsity Press, 2009. Impreso. Pág. 37.
3. Ezequiel 33:10. Versión RVR, 1960.
4. Francis Schaeffer. *Trilogy.* Wheaton Illinois, Crossway. 1990. Págs. 9-10, 51-55.

21
Humildad teológica

Adornando Tumbas

Me gusta la honestidad de los agnósticos, aprecio su humildad epistemológica.

Un agnóstico no descarta ni acepta creencias religiosas, simplemente toma una postura neutral porque reconoce los límites del conocimiento humano en el tema de Dios y la religión.

Aunque me parece que un agnóstico pudiera creer si entendiera que la fe es algo que parte del corazón más que del entendimiento, valoro su honestidad y creo que cuando llega a abrazar la fe, la vive de una manera más honesta también.

A diferencia de los ateos y los teístas, que se ubican en los extremos del espectro del conocimiento propositivo, los agnósticos se mantienen en el centro.

Los cristianos (teístas) tenemos mucho que aprender de los agnósticos.

En un mundo en el que la certeza teológica nos ha vuelto orgullosos, nos haría bien un toque de realidad; no todo lo que creemos puede comprobarse con absoluta certeza.

Como teísta creo que existe una verdad que nos puede dar certidumbre, y esa verdad nos ha sido revelada en la persona de Jesús.

Como veíamos anteriormente al principio de la era cristiana, los creyentes, más que seguir una doctrina, seguían la verdad en la persona de Jesús; no fue hasta siglos después, cuando la iglesia se institucionalizó, que la doctrina empezó a tomar forma.

Algunos de los puntos doctrinales que ahora vemos como inamovibles tomaron siglos para formularse.

Los teólogos no se ponían de acuerdo, y muchas de las divisiones y denominaciones se deben en gran parte a que no nos ponemos de acuerdo en temas de doctrina.

Los primeros creyentes eran conocidos por seguir la verdad en la persona de Jesús; ahora es necesario asentir intelectualmente a ciertas verdades para ser considerados *verdaderos creyentes*. La *lista*

Humildad teológica

de chequeo crece cada día más con temas periféricos que queremos hacer centrales.

Richard Rohr señala que el significado de la palabra *teólogo*, al principio de la iglesia, era *alguien que realmente oraba, no alguien con agilidad mental en puntos doctrinales*.[1]

Un teólogo no era de confianza a menos que fuera un hombre o mujer de oración.

Interesante...

Aunque creo y afirmo que el cristianismo es una fe racional con argumentos sanos e inteligentes, reconozco que algunas de mis convicciones se derivan más de fe que de certeza intelectual.

> En un mundo en el que la certeza teológica nos ha vuelto orgullosos, nos haría bien un toque de realidad; no todo lo que creemos puede comprobarse con absoluta certeza.

Por ejemplo, no tengo problemas en afirmar que la Biblia es la palabra de Dios y la autoridad final en asuntos de fe y práctica, pero si soy honesto, debo reconocer que hay huecos en los argumentos a favor de esta verdad, y para aceptarla, en algún momento de mi formación espiritual tuve que tomar un paso de fe.

¿Cómo compruebo que los 70 traductores de la Septuaginta fueron inspirados por el Espíritu Santo para traducir de la manera correcta?

La pregunta se vuelve más real cuando nos damos cuenta que algunas versiones modernas de la Biblia omiten pasajes que no fueron encontrados en manuscritos originales que han sido hallados en las últimas décadas.

¿Cómo compruebo que fueron guiados por el Espíritu Santo para agregar nuevos libros o partes de algunos libros al canon del Antiguo Testamento?

¿Cómo compruebo que el canon de las Escrituras es absolutamente correcto y que los hombres asignados a este trabajo escogieron, dirigidos por el Espíritu Santo, la lista de los libros que compondrían la Biblia?

¿Cómo compruebo que fueron inspirados por el Espíritu Santo para determinar la *canonicidad* de ciertos libros y la *apocrificidad* de otros?

¿Cómo compruebo que el canon de la Biblia protestante es el correcto, cuando el mismo Martín Lutero tenía problemas con algunos libros que ahora son parte del canon bíblico, y cuestionaba que otros como el de Ester, Hebreos y Santiago, entre otros, fueran inspirados por el Espíritu Santo?

Por supuesto que he leído todos los argumentos a favor de la autoridad de la Biblia y estoy de acuerdo con ellos; las profecías cumplidas, los pergaminos que respaldan lo que está escrito (aunque algunos pasajes han tenido que corregirse), las evidencias históricas y geográficas, la consistencia literaria, la sobrevivencia de la Biblia al escrutinio de los siglos y a los constantes ataques que ha recibido, etc.

Todos estos argumentos son válidos y yo mismo los he enseñado en muchas ocasiones, pero después de todo, debo ser honesto y aceptar que no puedo comprobar con *absoluta certeza* que la Biblia es la palabra de Dios.

Lo creo, pero no lo puedo comprobar.

Lo interesante de esto es que, aunque no pueda hacerlo, yo, junto a la mayoría de cristianos a través de los siglos, hemos estado dispuestos a morir por esta verdad.

Tenemos la absoluta certeza que la Biblia es la palabra de Dios, pero más que seguridad intelectual, es fe, es un conocimiento que proviene del corazón y no del intelecto.

En mi vida he comprobado que las palabras de este libro son verdad y son vida. Sus consejos me han llevado a alcanzar la salvación y encontrar la llave para entrar a una vida plena y productiva.

Antes de argumentar que podemos comprobar con absoluta certeza que la Biblia es la Palabra de Dios, sería necesario tomar un examen de griego y hebreo para primero ver si podemos leer la Biblia en los idiomas originales.

Después sería necesario tener un buen conocimiento de historia, geografía, antropología, y muchas otras disciplinas de investigación. Y aun así, al final de todas las cosas, al final de todos los argumentos, la única *verdad* a la que nos podemos aferrar con certeza es la verdad de nuestra fe.

Al final del día hacemos uso de fe aún para creer hasta en los traductores de la Biblia, porque al fin de cuentas una traducción es en gran parte una interpretación.

> **El creer en Dios, como el no creer en Él, tiene que ver con una decisión.**

Fe y dogma.
La diferencia entre fe y dogma (como ya vimos en otro capítulo), nos ayudará a entender mejor este punto.

Los que argumentan que sí pueden comprobar que la Biblia es la palabra de Dios, lo hacen basados en un *dogma*. Dogma es lo que creo porque tengo que hacerlo, fe es creer en algo porque luché en mi corazón hasta llegar al punto del rendimiento.

Muchos se escandalizarán al leer que no puedo comprobar que la Biblia es la palabra de Dios, y la verdad es que ellos tampoco pueden, pero como viven bajo dogmas, es decir, *creen porque tienen que creer*, defienden sus postulados de una manera apasionada pero lejos del entendimiento.

El creer en Dios, como el no creer en Él, tiene que ver con una decisión. El salmista declara: *"Dice el necio en su corazón, no hay Dios".*[2] El que niega la existencia de Dios, tomó una decisión con su corazón, no con su intelecto. El intelecto es solo la excusa.

De la misma manera, el que cree en Dios y en su Palabra, tomó una decisión basada en el corazón, no en el intelecto.

Ambas posturas requieren decisión.

Es por eso que un poco de humildad teológica nos hará testigos más honestos y nos dará más credibilidad en un mundo que desesperadamente busca respuestas.

Tenemos que aceptar la realidad de que hay diferentes formas de entender la fe. La nuestra no es la única, *"hay una forma de ser cristiano, basado en la Siria del Segundo Siglo, hay una forma Irlandesa del Siglo Octavo, una forma ortodoxa oriental del Siglo Doce, una forma china del Siglo Quince, y una forma escandinava luterana del Siglo Diecinueve".* [3]

Es el orgullo el que nos hace pensar que nuestra manera de ver la fe y practicar el cristianismo es la única.

Hay dos tipos de actividad o movimientos que, aunque son buenos, pueden convertirse en algo dañino por llevarse a cabo de la manera equivocada; la religión y la política.

Los argumentos más absurdos, las ofensas más vitriólicas, y las contradicciones más burdas siempre surgirán de la mente de los políticos y religiosos.

La mejor forma de conocer a un grupo o movimiento no es por lo que creen sino por la manera en la que creen.

El dogmatismo que prevalece en muchos círculos cristianos es el resultado de tener fe de la manera incorrecta.

El dogmatismo es información que solo se quedó en la mente y no se entendió con el corazón, nunca se llevó a la práctica.

"Los dogmas y las leyes tienen un aire de arbitrariedad",[4] y en el mundo que vivimos, hay un rechazo a la arbitrariedad, al menos que seas parte de un sistema tirano.

La gente creerá, no porque somos dogmáticos, sino porque practicamos una fe sencilla.

La gente está buscando una fe simple.

Así fue el mensaje de Jesús. Simple, aterrizando lo complejo.

Jesús fue más allá de los dogmas y las leyes, más allá de la doctrina y el conocimiento.

21 Humildad teológica

"Las palabras que les he hablado", dijo Jesús: *"son espíritu y son vida"*.⁵ Rebozan con vida, energía, gozo.

La intención de Jesús no era llevar a las personas a llenarse de conocimiento, de hecho, en algunos casos los llevó a vaciarse de él para darles una nueva perspectiva. *"Oíste que fue dicho (…) pero yo te digo"*.⁶

Conocimiento que no transforma.

"La revelación (Biblia) a veces es tratada como si pudiera ser descifrada e introducida en un sistema dogmático, en vez de abrazarla como el lugar donde el impenetrable secreto de Dios, nos transforma".⁷

Si el conocimiento que tenemos no nos cambia, estamos creyendo de la manera incorrecta.

El fariseo se rehusa a cambiar sus tradiciones aún en la presencia de Dios.

Cuando mis hijos estaban en la secundaria y preparatoria, con frecuencia argumentaban acerca de porqué tenían que estudiar materias que no les iban a servir en la vida real. *"¿Para qué estudio química o matemáticas, si nunca trabajaré en esas carreras?"*, decían.

Aunque es fácil tumbar el argumento de mis hijos, no así para el cristianismo.

¿De qué me sirve el conocimiento que he adquirido si repruebo en el examen de la fe?

La prueba de las cosas más elementales.

En el *ABC* de la fe cristiana.

La información que no lleva a transformación hace más daño que bien.

Debemos entender que el mundo en el que vivimos no es el mismo.

Hay una generación más honesta en su manera de practicar la fe.

Esta generación no será convencida con dogmas y leyes, sino por ejemplos vivos.

Que tengamos un poco más de humildad.

Referencias:
Humildad teológica
1. Rohr, Richard. *The divine Dance*. New Kensington PA: Whitaker House, 2016. Impreso. Pág. 162.
2. Salmo 14:1. Versión RVR, 1960.
3. Borg, Marcus J. *The heart of Christianity*. San Francisco: Harper Collins, 2003. Impreso. Pág. 16.
4. Willard, Dallas. *The divine conspiracy*. New York: Harper Collins, 1997. Impreso. Pág. 13.
5. Juan 6:63. Versión NVI.
6. Mateo 5:21. Versión RVR, 1960.
7. Rollins, Peter. *How not to speak of God*. Brewster Massachusetts: Paracleet Press, 2012. Impreso. Pág. 17.

22
Celo por la gracia

Adornando Tumbas

Me abordó en un aeropuerto y me pidió hablar conmigo. Cuando accedí, empezó a esgrimir sus palabras con la cadencia de un predicador apasionado. *"Mira de dónde has caído y arrepiéntete, has abandonado la sana doctrina y te has alejado de la verdad. Regresa a las sendas antiguas, vuelve a tu primer amor"*.

Su expresión me pareció piadosa y sincera, así que no quise ser desdeñoso con él y empecé a hacerle preguntas acerca de sus acusaciones, especialmente en el tema de abandonar la sana doctrina. Cuando lo hice, lo cuestioné sobre qué significaba para él *la sana doctrina*. Respondió con una suerte de argumentos periféricos que no tenían nada que ver con doctrina. En sus explicaciones apasionadas pero incoherentes, parecía tener una aversión exagerada en contra de los católicos y un temor desproporcionado por el diablo.

Intentando ser paciente, enfrenté cada uno de sus argumentos con la Biblia, el sentido común y algunos elementos históricos acerca de la iglesia y la fe. Parecía no escucharme, porque no respondía a mis explicaciones, y de nuevo se refugiaba en los mismos ataques que lo hacían verse como piadoso y celoso de la verdad. Hablaba de santidad, señales y milagros, entre otras cosas, pero su conocimiento de doctrina era casi nulo y su sentido común lo percibí como nublado por ideas tendenciosas.

Mi encuentro con este señor en un aeropuerto es solo una muestra de la actitud casi militante de personas que han tomado el estandarte del celo por la verdad, sin tener idea de lo que es la verdad.

Espiritualizando la ignorancia.

Lo más lamentable de este tipo de celo es que no proviene de la nada, del vacío; sino que tiene su origen en un liderazgo que ha *espiritualizado* la ignorancia.

Pablo habló de este tipo de celo refiriéndose a los fariseos que perseguían a los primeros cristianos: *"Puedo declarar en favor de ellos que muestran celo por Dios, pero su celo no se basa en el conocimiento"*.[1]

El celo sin conocimiento degenera en fanatismo.

La ignorancia en sí no es el problema, hay personas que por diferentes circunstancias no han tenido acceso a la educación o a los libros, pero son equilibrados. El problema es la ignorancia *vocífera* que nace de un celo farisaico sin conocimiento, y esta es la que prevalece en nuestros días.

El cristiano promedio no lee, esto es evidenciado en sus comentarios. Podría llenar un libro con todas las cosas absurdas que la gente dice en las redes sociales, pero eso sería hacerle un monumento a la ignorancia.

El celo sin conocimiento degenera en fanatismo.

Hace un par de años escribí y grabé una canción basada en Las crónicas de Narnia, una colección de libros que escribió C.S. Lewis. La canción se llama *"Indomable"* y está inspirada en Aslan, el león que representa a Dios a lo largo de toda la historia.

Los libros de C.S. Lewis y su forma de acercarse a la teología han influido profundamente en mi vida, pero yo no soy el único. Este autor, podría ser el más citado en libros cristianos contemporáneos.

Aunque en general la canción ha tenido buena acogida, ha desatado un sinnúmero de comentarios que realmente muestran el nivel de ignorancia de gran parte de muchos creyentes que actúan como celosos de la verdad.

Entre los comentarios más comunes que hicieron de esta canción, se encuentran estos:

"¿Cómo es posible que comparen a Jesús con un león de una película de brujería?"

"Habiendo tantos versículos en la Biblia, ¿Por qué recurrir a una película pagana para escribir esta canción?"

La mayoría de la gente que da este tipo de opiniones, no sabe que las películas están basadas en libros, mucho menos qué son las crónicas de Narnia, tampoco quién es el autor; sin embargo, comentan con la autoridad de un crítico.

No hay nada más audaz que la ignorancia.

Entiendo que no todo líder espiritual ha leído a C.S Lewis, pero tener conocimiento de Jesús no debe ser sinónimo de rechazar todo otro tipo de conocimiento.

Los que hacen alarde de tener celo por la verdad insertan un versículo en todos sus comentarios, sin entender el significado del mismo. El sentido común está ausente en la mayoría de las discusiones entre cristianos que no se ponen de acuerdo.

Uno de los argumentos más comunes es: ¿Dónde viene eso en la Biblia? ¡Compruébalo con la Biblia! Por supuesto que no todo viene en la Biblia y no todo se puede comprobar con un versículo, pero en el caso de haber uno que compruebe lo que se argumenta, cada quién le puede dar su propia interpretación.

A veces cuando la gente me pide que le compruebe con un versículo algo que dije, les respondo que podría hacerlo, pero que preferiría que usaran un poco de inteligencia y sentido común.

El sentido común está ausente de la mayoría de las discusiones teológicas o doctrinales que se dan en los foros, en los blogs y en las redes sociales. Como dice el refrán, *el sentido común es el menos común de todos los sentidos.*

Prueba litmus.
Propongo una prueba *litmus* para identificar si este celo por la verdad es válido.

¿Qué tanto conocimiento se tiene del tema que se está abordando? No puedo opinar con autoridad sobre algo que no conozco, es decir, si no tengo suficiente conocimiento de teología, no puedo actuar con autoridad.

¿Cuál es la relevancia del tema en discusión? ¿Es un asunto periférico o central? La mayoría de los enfrentamientos tienen que ver con temas periféricos de la fe.

¿Cuál es la motivación al expresar ese celo? Lo he analizado una y otra vez y me atrevo a decir que el sentimiento subyacente es: *Entre más celoso soy, más espiritual me veo.* La motivación para hacer lo que hacen en su supuesta lucha por la verdad, es una apariencia

Celo por la gracia

de piedad que convence solo a los vulnerables, y la forma de hacerlo contradice totalmente la verdad que están tratando de defender.

Por último, ¿Cuál es la forma en la que se está expresando ese celo? La mayoría solo repiten lo que escucharon decir a algún predicador enojado con el mundo. El veneno del celo nos hace vernos fanáticos y desequilibrados.

Hay personas que pasan su vida de creyentes en una cruzada de supuesto celo espiritual. Todo lo critican, todo es demoniaco, todo es secular, todo es pecado. Si alguien va a celebrar el día del amor y la amistad, y el celoso por la verdad se da cuenta, lo ataca, hace preguntas como: "¿Dónde está eso en la palabra de Dios? Enséñame el versículo donde dice que debemos celebrar el día de San Valentín".

El sentido común está ausente en la mayoría de las discusiones entre cristianos que no se ponen de acuerdo.

Cuando se llega la navidad andan arruinándole la fiesta a todos los que la celebran. Muy parecido a los discípulos de Juan que se enojan con los de Jesús y quieren arruinarles la fiesta diciéndoles: ¿Por qué nosotros ayunamos y ustedes no? Quieren que todos sean tan miserables como ellos.

Esto los lleva a ser agrios.

En contra de fiestas de disfraces, en contra de caricaturas, en contra del cine, en contra de la navidad. Todo es satanizado, todo es abominación.

¡Estas actitudes de celo absurdo hacen que el cristianismo sea rechazado!

Habrá algunos que dirán: *nos rechazan porque hablamos la verdad de Dios, la palabra les incomoda, nos rechazan porque rechazan a Dios.*

Efectivamente, Jesús dijo que seríamos rechazados por causa de Él. Pero no creo que esa sea la razón por la cual el cristianismo está siendo menospreciado.

Hablando del rechazo, Jesús dijo: *"Bienaventurados serán ustedes cuando por mi causa la gente los insulte, los persiga, y digan toda clase de mal contra ustedes, mintiendo".*[2]

Así mismo aseguró que nos insultarían y perseguirían; sin embargo, en los tiempos modernos son los cristianos los que insultan y persiguen. Jesús dijo que *seremos bienaventurados cuando se diga toda clase de mal contra nosotros*, pero la palabra clave es la que le sigue; *"mintiendo"*.

Creo que en la mayoría de los casos, las cosas que se dicen de los cristianos son ciertas.

El fanatismo, el orgullo de creernos los únicos depositarios de la verdad, el menosprecio a los esfuerzos que otros hacen para acercarse a Dios. El pleito abierto en contra de otras religiones, especialmente la que más se parece a nosotros, el catolicismo.

Esto debe ponernos a pensar; ¿Por qué se habla tanto de tener celo por la verdad y nunca de tener celo por otras cosas?

Los otros celos.

Tito nos invita a ser: *"un pueblo celoso de buenas obras".*[3]

El mensaje a la iglesia Laodicea nos invita a tener un celo por el arrepentimiento: *"sé pues celoso y arrepiéntete".*[4]

El celo que se conocía al principio de la iglesia era por la piedad personal.

El celo bíblico está basado en el amor, es compasivo, amable, humilde.

La iglesia ortodoxa siempre ha considerado esencial que el celo sea acompañado por el amor para no desviarse. Creían que el celo que no se basaba en la gracia y la sabiduría, llevaba al hombre a un celo seductor, un fuego consumidor.

Decían del hombre que escoge este tipo de celo: *"La ira proviene de él y la desolación le sigue. Le pide a Dios que mande fuego del cielo y devore a todos aquellos que no abrazan sus principios y convicciones. Le caracteriza el odio por otras religiones y confesiones, envidia y enojo constante, una resistencia violenta al verdadero espíritu de la ley, una obstinación irrazonable a defender sus puntos de vista, un celo desme-*

Celo por la gracia

dido para ganar todas las discusiones, un amor al orgullo, pleitos, contenciones, y amor por la agitación de los demás". ⁵

Jesús reprende a la iglesia de Éfeso por haberse olvidado del amor: *"Sé que no puedes soportar a los malvados, y que has puesto a prueba a los que dicen ser apóstoles, pero no lo son; y has descubierto que son falsos [...] Sin embargo, tengo en tu contra que has abandonado tu primer amor. ¡Recuerda de dónde has caído! Arrepiéntete [...] Si no te arrepientes, iré y quitaré de su lugar tu candelabro".* ⁶

Estaban haciendo la obra de Dios, pero lejos del amor de Dios. Luchaban por la verdad identificando a los falsos profetas, pero no identifican su falta de amor.

Cuando hemos dejado el amor, nuestro candelero es quitado de su lugar.

Esto es trágico.

Dejamos de ser luz para los demás.

Aunque hablemos de la luz, vivimos en oscuridad.

Pablo resume todos nuestros esfuerzos por hacer el bien sin practicar el amor de la siguiente manera:

"...Y no tengo amor, vengo a ser como metal que resuena, o címbalo que retiñe". ⁷

Las palabras que hablo, no importa qué tanta verdad contengan, si no están rodeadas de amor, se convierten en un *címbalo que retiñe*.

Después de todo, es inevitable preguntarnos: ¿Por qué no tenemos celo por la gracia?

¿Que hay en nuestra condición humana que inevitablemente lleva a muchos al juicio y la acusación?

Sin duda, nuestra naturaleza pecaminosa.

Esa que nos lleva a alinearnos con el acusador de los hermanos.

Hay una nueva naturaleza para aquellos que hemos nacido de nuevo, y debe alinearnos con Jesús. Él es el que defiende, el que redime, el que intercede por nosotros en vez de acusarnos.

Qué bueno sería que ese ejército de gente con celo por la verdad, se pasara al bando del celo por la gracia.

Adornando Tumbas

Ya se ha dicho en otras ocasiones, es mejor equivocarnos como dispensadores de gracia, que como dispensadores de juicio y celo por la verdad.

Referencias:
Celo por la gracia
1. Romanos 10:2. Versión NVI.
2. Mateo 5:11. Versión NVI.
3. Tito 2:14. Versión RVR, 1960.
4. Apocalipsis 3:19. Versión RVR, 1960.
5. http://orthodoxinfo.com/ecumenism/zeallove.aspx
6. Apocalipsis 2:2-5. Versión NVI.
7. 1Corintios 13:1. Versión RVR, 1960.

Epílogo

Adornando Tumbas

He sido empujado al borde del precipicio y estoy en peligro de caer. A decir verdad, me dejé empujar; y ocurrió el día que traté de ser un poco, tan solo un poco más honesto en mi fe, y ese fue mi error.

Debo admitir que le tengo miedo a esta caída que parece inevitable, aunque sé que me llevará al lugar correcto, continúa siendo desconocido y no sé lo que me espera.

¿Cómo es el lugar en el que caeré? ¿Qué cosas tendré que cambiar? ¿Cómo se verá mi vida después de esto?

¡Me pregunto cuántas de las cosas que he atesorado como parte de mi fe tendré que desechar! No lo sé, porque aún no he caído y sigo luchando al borde del precipicio.

Es difícil dejar un lugar conocido en el que he vivido por mucho tiempo, pero es más difícil aún aceptar que mucho de lo que he creído será reemplazado por la verdad.

¿Qué tal si me sucede como al joven rico confrontado con la realidad de que su *"verdad"* no era La Verdad? ¿Qué tal si me voy triste porque no quiero vender todo lo que tengo?

A veces siento el deseo de simplemente dejarme caer, como en esos ejercicios de confianza en los que lo haces hacia atrás mientras alguien te espera, pero no es tan fácil.

¿Qué si muero al caer? No hablo de una muerte en el sentido físico… Hablo de hacerlo a cierta seguridad. ¿Qué si muere aquello que me ha dado identidad? ¿Tendré de dónde agarrarme? ¿Cómo empezaré de nuevo?

Al ser empujado he sentido un poco de dolor. No es físico, es del corazón, las heridas provienen de dardos de verdad que me golpean, me hieren y me acercan cada vez más al precipicio. Es difícil ignorar la verdad. Una vez que penetra el corazón, es imposible ignorarla, es la piedra en el zapato, es incómoda.

Aquí arriba, pero alejado del precipicio hay muchos que me advierten del peligro de caer, porque creen que la caída me llevará lejos de la verdad. Sus intenciones parecen ser buenas, algunos genuinamente se preocupan por mí, otros me han desechado como

Epílogo

alguien que se alejó demasiado de la verdad, cuando cada célula de mi cuerpo me grita que me estoy acercando a ella, que estoy a punto de caer y vivirla.

En este precipicio me he encontrado con otras personas, son almas afines que al igual que yo han sido heridos por la verdad. Unos están más cerca del precipicio que yo, otros titubean y sienten la tentación de regresar, con aquellos que están lejos del abismo, a la seguridad y a la aceptación.

A veces puedo vislumbrar, lo que me espera en mi caída libre, son pequeños destellos que no me dan el cuadro total, pero me hacen tener un poco de confianza para aceptar lo inevitable; estoy a punto de caer en el Evangelio.

Este precipicio se ve oscuro y da miedo. No sé si será muy pretencioso pensar que tal vez aquel miedo fue lo que sintió Moisés cuando se acercó a la oscuridad donde estaba Dios.

Al fondo del abismo a veces lo vislumbro a Él, a ese carpintero de Nazaret.